AF523075

Ursula Kopp

Der immergrüne Balkon

Ganzjährig gestalten mit winterharten Pflanzen

Bassermann

Inhalt

Vorwort 5

Die richtige Planung 7

Auf den Standort kommt es an 8

Wasserversorgung 9

Sonnenschutz 9

Windschutz 10

Wie viel Gewicht trägt ein Balkon 10

Welche Regeln sind bei der Bepflanzung zu beachten 11

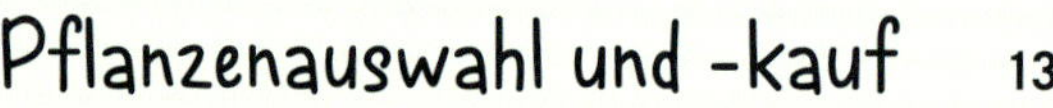

Pflanzenauswahl und -kauf 13

Der Weg zum ganzjährigen Balkongarten 14

Wo kauft man die Pflanzen 16

Vorteile einer Dauerbepflanzung 17

Winterharte Balkonpflanzen - Blickfang rund ums Jahr 19

Mehrjährige Stauden und Zwiebelpflanzen 20

Tabelle: Schwachwüchsige Nadelgehölze 22

Tabelle: Schwachwüchsige Laubgehölze / Winterharte Stauden und Zwiebelblumen 23

Den Ganzjahresbalkon pflanzen und pflegen 25

Die passenden Gefäße 26

Tongefäße 27

Gefäße aus Kunststoff 27

Vorbereitung der Gefäße 28

Das richtige Substrat 29

Zusatzstoffe und Spezialerden 30

Zwerggehölze richtig pflanzen 32

Die wichtigsten Pflegemaßnahmen 33

Richtig gießen 33

Automatische Bewässerung 35

Düngen nach Maß 35

Schneiden 36

Winterschutz 36

Mit Zwerggehölzen gestalten 39

Winterharte Balkonpflanzen im Porträt 49

Register 94

Impressum 96

Vorwort

Den Balkon im Frühling und Sommer mit Blumen zu schmücken, ist zu einer Selbstverständlichkeit geworden. Für die Bepflanzung der Kästen und Kübel steht ein reiches Sortiment an Balkonpflanzen zur Verfügung, sodass der individuellen Gestaltung und dem Ideenreichtum der Pflanzenliebhaber keine Grenzen gesetzt sind. Die meisten Balkonpflanzen kommen aus wärmeren Ländern. Doch mit der wachsenden Begeisterung fürs Gärtnern auf dem Balkon finden sich dort zunehmend auch winterharte Pflanzen aus kühler temperierten Regionen ein. Grundsätzlich eignen sich alle Pflanzen, die nicht zu stark wachsen und eher flach wurzeln für die Gefäßkultur. Der große Vorteil dabei ist, dass man den „mobilen Garten" jederzeit und ohne großen Aufwand umgestalten kann. Viele Balkongärtner aber scheuen einen hohen Pflegeaufwand und wünschen sich eine dauerhafte Bepflanzung mit natürlicher Wirkung, die möglichst über viele Jahre hinweg hält und vom Frühjahr bis zum Winter etwas zu bieten hat. Hierfür bieten sich vor allem schwachwachsende Nadel- und Laubgehölze sowie immergrüne Gewächse an, die über gute winterharte Eigenschaften verfügen. Sie erfordern nur einen geringen Pflegeaufwand und sorgen gleichzeitig auf dem Balkon auch im Winter für grüne Farbtupfer und Lebendigkeit. Dazwischen lassen sich mehrjährige, winterharte Stauden und Zwiebelpflanzen setzen, die für saisonal wiederkehrenden Blütenzauber sorgen. Das vorliegende Buch gibt viele Anregungen für die Planung eines Ganzjahresbalkons, zur Auswahl der geeigneten Pflanzen sowie Hinweise zu Pflanzung, Pflege und Gestaltung. Im letzten Kapitel wird eine Auswahl von geeigneten Pflanzen im Porträt vorgestellt.

Ursula Kopp

Die richtige Planung

Wer Gartenträume auf dem Balkon realisieren will, muss vorab gut überlegen, welchen Standort er den Pflanzen anbieten kann. Denn dieser bestimmt die Anlage und die Auswahl der Pflanzen. Dies gilt insbesondere, wenn diese als Dauergäste auf dem Balkon einziehen sollen.

Auf den Standort kommt es an

Der wichtigste Gesichtspunkt bei der Planung eines „Ganzjahresbalkons“ ist zum einen die Lage des Standorts, zum anderen, welche Pflanzfläche zur Verfügung steht und wie belastbar diese ist. Denn Pflanzen, die mehrjährig in ihren Gefäßen bleiben und wachsen sollen, brauchen ausreichend Platz, d.h., die Gefäße müssen geräumig sein. Nicht vergessen werden darf, dass der Standort auch dem jeweiligen regionalen Klima unterliegt, das einen erheblichen Einfluss auf das Wohlbefinden und Gedeihen der Pflanzen hat.

Ebenso kann die lokale Situation die Auswahl der Pflanzen einschränken oder einen besonderen Pflegeaufwand nötig machen. Ein einsam auf einem Hügel stehendes Haus ist Witterungseinflüssen stärker ausgesetzt als ein inmitten einer Ortschaft gelegenes.

Auf einem Balkon mit exponierter Lage müssen daher die Gefäße mit hochwüchsigen Pflanzen gut gesichert werden, damit sie bei stürmischem Wetter nicht umfallen. In den oberen Stockwerken ist die Sonneneinstrahlung intensiver als bei darunterliegenden. Hier muss man öfter gießen oder pflanzen.

Schließlich reagieren Pflanzen auch auf das Klima rund ums Haus. Zum einen beeinflusst die jeweilige Himmelsrichtung die Licht-, Temperatur- und Witterungsverhältnisse, zum anderen können bauliche Gegebenheiten Auswirkungen des „Kleinklimas“ mindern oder verstärken.

- **Vollsonnige Standorte** sind nach Süden ausgerichtet, unverbaut und nicht überdacht. Dort ist es warm bis heiß.
- **Helle Standorte** gehen nach Osten oder Westen und werden von der Morgen- oder Nachmittagssonne erwärmt.
- **Halbschattige bis schattige Standorte** liegen nordwärts und sind eher kühl. Ein ähnliches Lichtangebot herrscht an überdachten nach Süden, Osten oder Westen gerichteten Balkonen sowie an hellen, warmen Standorten, die Schlagschatten von Bäumen oder Hauswänden bekommen.
- **Windgeschützte Standorte** sind überdachte Balkone, seitlich von Hauswänden. Allerdings kann sich hier die von Hauswänden abgestrahlte Wärme stauen.

Für die Pflanzen sind die einzelnen Standortfaktoren von unterschiedlicher Bedeutung. Als Antrieb für ihre Lebensvorgänge ist das Sonnenlicht am wichtigsten. Auch die damit verbundene Wärme erhöht die Stoffwechselprozesse. Mit zunehmender Wärme erhöht sich allerdings die Verdunstung und somit der Wasserverbrauch. Ist der Standort insgesamt zu dunkel, leiden insbesondere die lichthungrigen Arten.

Wasserversorgung

In Balkonkästen und Kübeln muss das nötige Wasser für die Pflanzen größtenteils künstlich zugeführt werden. Häufig tut man jedoch des Guten zu viel, wenn an dem Regen ausgesetzten Standorten heftige Niederschläge zum Gießwasser hinzukommen. Haben die Gefäße nur einen mangelhaften Abzug, kommt es rasch zu Staunässe im Wurzelraum und zu Schäden an den Pflanzen, die sich nicht mehr beheben lassen. Vor allem eine ausreichende Drainage in den Gefäßen sorgt dafür, dass es so weit gar nicht erst kommt. Zudem sollte man nicht nur umsichtig gießen, sondern bereits bei der Wahl des Standorts die individuellen Ansprüche der Pflanzen hinsichtlich ihres Wasserbedarfs berücksichtigen.

Sonnenschutz

An sehr sonnigen, heißen Sommertagen sorgen Sonnenschirme, Markisen und Sonnensegel auf dem Balkon für kühlenden Schatten. Sie müssen stabil und sicher befestigt sein, damit sie dem Wind standhalten. Für kleinere Balkone eignen sich Ausleger-Sonnenschirme,

Die Wasserversorgung muss dem jeweiligen Standort und Bedarf der Pflanzen entsprechen.

Platzsparend für den Balkon sind Ausleger-Sonnenschirme.

deren Schirm man je nach Bedarf ausrichten kann. Größere Flächen lassen sich mit einem Sonnensegel beschatten und kühl halten. Es wird in der Regel schräg zwischen Hauswänden und dem Boden oder auch einer Balkonbrüstung gespannt. Dreieckige Sonnensegel gibt es in Standardmaßen, in der Regel als komplette Montagesets, je nach Einsatzort und Bedarf. Eine einziehbare Markise lässt sich sowohl an sehr sonnigen als auch trüben und regnerischen Tagen ausfahren und kann somit für Sonnen- und Wetterschutz sorgen.

Windschutz

Auch Wind kann Einfluss auf das Wachstum der Balkonpflanzen nehmen, eine ständige Brise erhöht die Verdunstung und somit ihren Wasserbedarf. Pflanzen mit bruchempfindlichen Trieben und großen Blättern sind allerdings durch starke Winde gefährdet. Bruchflächen bieten Bakterien und Pilzerregern Eingang in den Pflanzkörper. Windböen sind für hochwüchsige und kopflastige Pflanzen eine Gefahr. Sie kippen um, werden dabei beschädigt und ziehen vielleicht auch andere Gewächse in Mitleidenschaft. Abhilfe lässt sich hier mit möglichst schweren und standfesten, entsprechend verankerten Pflanzgefäßen oder einer Windschutz-Bespannung am Balkongeländer schaffen.

Wie viel Gewicht trägt ein Balkon

Blumenerde, Balkonkästen und Pflanzenkübel aus Ton oder Stein, Tische und Stühle – wie groß darf die Last auf einem Balkon eigentlich sein? Diese Frage lässt sich nicht eindeutig beantworten, da dies von Gebäude zu Gebäude verschieden ist (zum Beispiel Alt- oder Neubau). Ein Balkon aus Beton trägt mehr als ein Holzbalkon, ein frei hängender weniger als ein eingebauter. Es gibt dazu die Norm-Vorschrift DIN 1055, Deutschlands „Regelwerk für Lastannahmen auf Tragwerke“. Demnach sollte der Balkon eine Verkehrslast von 400 Kilogramm pro Quadratmeter tragen können. Gemeint ist eine

Vor starken Windböen schützt eine Bespannung am Balkongitter bruchempfindliche Pflanzen.

gleichmäßige Verteilung der Dauerlast (Pflanzgefäße, Pflanzen, Möbel) sowie veränderliche Lasten (Menschen). Wie viel Gewicht ein Balkon trägt, kann also nur sehr allgemein beantwortet werden. Die Last von 350 Kilogramm pro Quadratmeter scheint ein gutes Mittelmaß zu sein, wenn Pflanzen und Möbel in einem normalen Rahmen auf dem Balkon stehen. Um sicher zu gehen, empfiehlt sich der Rat eines Baufachmanns.

Soll der Balkon dicht bepflanzt werden, ist zuvor seine Tragfähigkeit zu prüfen.

Welche Regeln sind bei der Bepflanzung zu beachten

Mit der Bepflanzung von Balkonen sind auch einige Rechtsfragen verbunden. Bei einer Miet- oder Eigentumswohnung in einer Wohnanlage kann der Mieter (oder Eigentümer) den zugehörigen Balkon grundsätzlich frei nach seinen Vorstellungen und Bedürfnissen nutzen und gestalten, sofern dadurch nicht die Rechte bzw. Bedürfnisse der Nachbarn beeinträchtigt werden. Unabhängig von Mietverträgen oder speziellen Regeln in einer Eigentümergemeinschaft gilt grundsätzlich:

- Balkonkästen dürfen aus Sicherheitsgründen (außer im Erdgeschoss) nicht außen hängend angebracht werden.
- Die Bepflanzung darf die Fassade der Wohnanlage nicht verunstalten bzw. schädigen.
- Sollen viele oder schwere Pflanzgefäße aufgestellt werden, ist die Tragfähigkeit und Statik des Balkons zu prüfen.
- Sind im Rahmen der Bepflanzung bauliche Veränderungen vorgesehen (zum Beispiel Rankgitter), muss dies mit dem Vermieter bzw. der Eigentümergemeinschaft abgeklärt werden.
- Beim Gießen der Pflanzen dürfen benachbarte Balkone, die Hausfassade oder Passanten nicht durch Gießwasser geschädigt werden.
- Bei Pflanzung und Pflege ist darauf zu achten, dass keine Pflanzenabfälle auf benachbarte Balkone fallen.

Pflanzenauswahl und -kauf

Eine dauerhafte Bepflanzung auf dem Balkon soll nicht nur ganzjährig das Auge des Balkongärtners erfreuen, sondern ihm auch eine zeitintensive Pflege übers Jahr ersparen. Dies lässt sich – dem jeweiligen Standort entsprechend – mit der gezielten Auswahl von anspruchslosen und robusten Pflanzen erreichen.

Der Weg zum ganzjährigen Balkongarten

„Ich habe einfach keinen grünen Daumen und wenig Zeit", seufzen viele Balkonbesitzer und verschieben ihre grünen Pläne immer wieder aufs Neue. Doch mit einem vor allem auch in der kalten Jahreszeit tristen Balkon will und muss man sich nicht abfinden. Denn gerade die Balkongestaltung bietet – im Gegensatz zum Garten – bei der Bepflanzung viele Vorteile. So fällt zum Beispiel nahezu die regelmäßige Unkrautentfernung weg. Der Balkongärtner mit wenig Zeit braucht ein „grünes Köpfchen", weniger einen „grünen Daumen", also Pflanzen, die auch mit geringem Pflanz- und Pflegeaufwand gedeihen. Sie sind in der Regel robust, vertragen sowohl höhere Temperaturen und vorübergehende Trockenheit als auch einen regenreichen Sommer und nehmen es nicht übel, wenn man sie einmal beim Gießen vergisst. Außerdem

Im Gartenfachhandel oder in einer Baumschule wird man kompetent beraten.

sind sie weniger anfällig für Schädlinge. Aber nicht alle anspruchslosen Balkonpflanzen sind auch wirklich für jeden Standort geeignet. Bei der Auswahl muss darauf geachtet werden, ob sie zukünftig in der Sonne, im Halbschatten oder im Schatten stehen sollen. Auch der Schutz vor Wind und Regen spielt eine Rolle, denn manche Balkonpflanzen vertragen es nicht, wenn sie von ergiebigen Niederschlägen durchnässt werden. Ebenso müssen die Pflanzen immer an die jeweiligen Platzverhältnisse angepasst werden. Manche benötigen wenig Raum und gedeihen auch zu fünft in einem Balkonkasten, während andere besser allein in einem Kübel stehen.

Entsprechend den örtlichen Gegebenheiten und dem geplanten Zeitaufwand ausgesucht, bringen sie jede Menge Natur und frische Farben auf den Freisitz. Als ersten und wichtigsten Schritt muss man den künftigen Standort der Pflanzen genau prüfen. Hier spielen vor allem die Sonneneinstrahlung und sonstige Witterungsverhältnisse eine entscheidende Rolle. Denn auch eine robuste und anspruchslose Pflanze wird nicht gedeihen sondern verkümmern, wenn sie am falschen Platz steht. Für die Auswahl sind also folgende Kriterien wichtig:

- **Standort:** Die Bedürfnisse der Pflanzen beachten. Brauchen sie Sonne oder gedeihen sie besser im Schatten?
- **Wasserzufuhr:** Balkone mit viel Sonnenlicht lassen sich leichter bepflanzen als solche, die überwiegend im Schatten liegen. Andererseits sind sonnenhungrige Pflanzen durstiger als Schattenliebhaber. Auch bei anspruchlosen Gewächsen ist regelmäßiges Gießen daher Pflicht. Wer weiß, dass dies bei ihm im Alltag oft auf der Strecke bleiben wird, sollte daher von Anfang an ein Bewässerungssystem einplanen.
- **Winterhärte:** Wenn man sich rund ums Jahr und länger als eine Saison an den Pflanzen erfreuen will, müssen diese winterhart sein.
- **Gefäße**: Grundsätzlich benötigt eine Dauerbepflanzung große und frostfeste Pflanzgefäße.
- **Problem-Balkone:** Auf ihnen will wirklich gar nichts wachsen. In diesem Fall kann man zum Beispiel Rankhilfen in Kästen setzen und mit Efeu zuwachsen lassen. So entstehen rasch und einfach optisch ansprechende grüne Säulen.

Wo kauft man die Pflanzen

Am besten stellt man vor dem Einkauf eine Liste der ausgesuchten Pflanzen bzw. Sorten zusammen, möglichst mit Alternativen, auf die sich eventuell ausweichen lässt. Es gibt zahlreiche Möglichkeiten, Balkonpflanzen zu beziehen, zum Beispiel im Gartencenter, in Gärtnereien vor Ort oder im Versandhandel. Beim Kauf von langlebigen und meist auch teuren Kübelpflanzen ist allerdings besondere Sorgfalt geboten. Vor allem für ungeübte Balkongärtner empfehlen sich deshalb Baumschulen. Dort wird man ausführlich beraten, sowohl über Auswahl als auch Eignung und Qualität der Pflanzen für den jeweiligen Balkon (Standort, Größe). Hier findet man auch die größte Auswahl an für den Balkon geeigneten Zwerg-Gehölzen. Das Fachpersonal steht nicht nur mit Rat – auch zu Pflanzung und Pflege –, sondern auch mit Tat zur Verfügung und liefert zum Beispiel das Pflanzgut und die Gefäße und übernimmt, wenn gewünscht, auch die Bepflanzung. Für den Balkongärtner mit wenig Zeit empfehlen sich sehr robuste Pflanzen, die auch mit weniger Pflegeaufwand gedeihen. Sie vertragen sowohl höhere Temperaturen als auch einen regenreichen Sommer und verübeln es nicht, wenn man sie mal beim Gießen vergisst. Außerdem sind sie weniger anfällig für Schädlinge. Aber auch sie eignen sich nicht für jeden Standort. Bei der Auswahl muss darauf geachtet werden, ob sie in der Sonne, im Halbschatten oder Schatten stehen sollen. Auch der Schutz vor Wind und Regen spielt eine Rolle. Denn manche Balkonpflanzen vertragen es nicht, wenn sie von ergiebigen Niederschlägen durchnässt werden. Ebenso müssen die Pflanzen immer an die jeweiligen Platzverhältnisse angepasst werden.

Folgende Einkaufstipps helfen weiter:

- Anhand der im Porträtteil vorgestellten Arten eine Liste von Pflanzen erstellen, die sich für die auf dem Balkon herrschenden Bedingungen eignen.
- Auf dem Pflanzenetikett sollten die Sorte und ein kurzer Pflegetipp angegeben sein.
- Möglichst junge Pflanzen auswählen, sie passen sich für ein Leben im Topf besser an.
- Kräftige und gesunde Pflanzen aussuchen. Sie sind an gut verholzten Stämmen oder Ästen, an einem kräftigen Austrieb, frischgrünen Nadeln oder Blättern sowie an einem gut durchwurzelten Ballen zu erkennen.
- Auf den Pflegezustand der Pflanzen achten. Sie sollten keine abgebrochenen Zweige, Blattschäden oder Unkraut aufweisen.

Vorteile einer Dauerbepflanzung

Herrscht auf dem Balkon ein angenehmes Mikroklima, will man ihn lange im Jahr nutzen und genießen sowie auch seine Bepflanzung darauf ausrichten. Die für die Sommerbepflanzung typischen Balkonblumen befriedigen hier nicht mehr. Eine Dauerbepflanzung soll den Balkon nicht nur ganzjährig, sondern auch über mehrere Jahre schmücken. Man braucht dazu nur die richtigen Zutaten wie winterharte Gehölze und Kletterpflanzen, frostharte Stauden und Zwiebelblumen. Die beste Wirkung für einen abwechslungsreichen Topfgarten erzielt man durch die richtige Mischung dieser Pflanzen. Da es von vielen winterharten Bäumen und Sträuchern Zwergformen gibt, lassen sich mit ihnen geräumige Balkonkästen und Kübel dauerhaft bepflanzen und mit Saisonblühern ergänzen. Ansprechende Wuchsformen sind kein Privileg der sommergrünen Laubgehölze. Immergrüne und Nadelgehölze zeigen im Winter ebenso gerne ihre Statur wie im Frühjahr, Sommer und Herbst. Von ranken, schlanken Säulen über hübsche Zwerge und Arten, die sich gerne hängen lassen, steht alles zur Verfügung, sodass sich jedes geräumige Gefäß attraktiv und abwechslungsreich bepflanzen lässt und man die grüne Freisitz-Oase langfristig gestalten kann.

Auch der Balkongärtner sollte immer eine Grundausstattung zur Hand haben.

- Die meisten *winterharten* Pflanzen verlieren ihr Laub im Herbst, im Frühling treiben sie wieder neu aus. *Immergrüne* Pflanzen hingegen behalten ihr Laub (Nadeln) das ganze Jahr über, also auch im Winter. Nicht jede winterharte Pflanze ist also immergrün, aber jede immergrüne Pflanze ist winterhart.
- Verschiedene einheimische Stauden eignen sich auch als winterharte Balkonpflanzen.
- Die Pflege einheimischer, robuster Pflanzen übers Jahr ist in der Regel problemlos.
- Es gibt sogar Balkonblumen, die ganzjährig dekorativ sind und im Winter blühen wie beispielsweise Christrosen und Winterveilchen.
- Wird der Balkon fast ganzjährig genutzt, fällt der große Balkonputz zwei Mal im Jahr, insbesondere das Aus- und Einräumen von Pflanzen, aus. Man kann ihn immer mal nebenbei auf Vordermann bringen.
- Ein weiteres Plus ist, dass kein Stauraum für leere Pflanzkästen und Pflanzkübel gesucht werden muss.

Am Anfang erfordert die Anlage einer Dauerbepflanzung sorgfältige Arbeit, die sich aber in der Folge mit einem geringen Pflegeaufwand auszahlt. Auch der oft höhere Anschaffungspreis wird dadurch ausgeglichen. Besonders wichtig ist, wie vorab bereits erläutert, die sorgfältige Auswahl der Pflanzen und jeweiligen Standorte.

Winterharte Balkonpflanzen – Blickfang rund ums Jahr

Wer auf seinem Balkon im Sommer Natur pur erleben will, aber auch in der kalten Jahreszeit nicht auf attraktives Grün und ein paar dekorative Blüten verzichten will, für den sind winterharte Pflanzen genau das Richtige. Sie setzen auch im Winter farbige Akzente in der sonst eher grauen Natur. Eine ganze Reihe winterharter Balkonpflanzen können in Kübeln oder ausreichend großen Balkonkästen gut im Freien überwintern und für willkommene Farbtupfer sorgen. Neben Zwerg-Gehölzen und immergrünen Laubgehölzen, die den grünen Rahmen bilden, finden sich darunter auch einige winterblühende Arten, die in den Wintermonaten mit ihren meist gelben oder weißen Blüten einen Hauch von Frühling erahnen lassen. Robuste, kleinbleibende Sträucher sind durch ihr ganzjähriges Laub besonders attraktiv. Manche Arten tragen ab Herbst und den Winter hindurch bunte Beeren, die nicht nur hübsch anzusehen sind, sondern auch als Futter für viele Vögel dienen. Nachfolgend ein erster Überblick über geeignete Dauergäste für den Balkon, die im letzten Kapitel ausführlich porträtiert werden.

Blauer Kriech-Wacholder

- *Zwerg-Nadelgehölze* wie Zwerg-Tannen, Zwerg-Kiefern, Zwerg-Fichten, Zwerg-Scheinzypresse und Kriech-Wacholder stehen an erster Stelle. Sie sind robust und pflegeleicht und zeichnen sich durch einen langsamen Wuchs aus.
- *Immergrüne Blattpflanzen* wie Buchs, Feuerdorn und Kirschlorbeer können auch im Winter schöne Akzente setzen.
- *Laubabwerfende Gehölze* bieten zwar im Winter nur wenig fürs Auge, trumpfen aber im Herbst mit leuchtenden Laubfarben und einem spektakulären Farbwechsel auf.

- *Winterblühende Balkonpflanzen* setzen mit ihren Blüten mitten im winterlichen Grau bunte Farbtupfer und machen schon einmal Lust auf den nahenden Frühling.
- *Winterharte Heidepflanzen* blühen auch zur kalten Jahreszeit und nicht einmal Schnee kann ihnen etwas anhaben.

HINWEIS Viele der in diesem Buch vorgestellten Nadelgehölze und immergrünen Gehölze sind in Teilen oder ganz giftig. Deshalb sollte man sich in jedem Fall vor dem Kauf nochmals beim Garten-Fachpersonal genau informieren, ob oder inwieweit die gewünschte Balkonbepflanzung eine Gefahr für Kinder und Haustiere darstellt.

Mehrjährige Stauden und Zwiebelpflanzen

Wer will, dass es das ganze Jahr über auf dem Balkon nicht nur grünt, sondern auch blüht, aber für Neupflanzungen und Pflege wenig einsetzen kann, sollte auf mehrjährige Stauden setzen. Während die meisten einjährigen Balkonpflanzen Sommerblumen sind, kann man mit ihnen und ihren farbenfrohen und formenreichen Blüten auch

oben: Feuerdorn
Mitte: Herbstlaub Feuerahorn
unten: Schneeheide

auf dem Balkon, sozusagen „hautnah“, den Wechsel der Jahreszeiten erleben. Im Gegensatz zu den einjährigen Blütenpflanzen treiben mehrjährige Stauden jedes Jahr erneut aus und setzen mit ihren vielfältigen Blüten farbige Akzente im grünen Rahmen. Einige von ihnen können mit einem entsprechenden Winterschutz auch im Kübel draußen überwintern. Bei der Auswahl der Stauden darf nicht nur ihre Schönheit ausschlaggebend sein, wichtig ist, dass sie am richtigen Standort stehen. Zudem sollten sie wenig anfällig für Krankheiten und gut winterhart sein, im Blühzeitpunkt und Wuchs zu den Nachbarpflanzen passen sowie stabile Blütenstängel haben, die Wind und Regen standhalten.

Christrose

Für einen frühen Start in die neue Balkonsaison können im Herbst Blumenzwiebeln in Kästen und Töpfe gesetzt werden. Dies muss vor Mitte Oktober abgeschlossen werden, damit die Pflanzen vor dem Frostbeginn Wurzeln setzen. Hierfür eignen sich besonders niedrig wachsende Arten wie Schneeglöckchen, Tulpen, kleine Narzissen, Krokusse und Traubenhyazinthen. Sie machen sich auch gut als Unterpflanzung für Gehölze und winterharte Kübelpflanzen, die erst später im Jahr austreiben.

Tulpen

Wenn das Frühjahr mit seiner Blütenfülle zu Ende geht, tun sich in der Bepflanzung erste Lücken auf und es fehlt an farbigen Akzenten. Diese jedoch lassen sich leicht und kostengünstig durch den Einsatz einjähriger Sommerblumen dekorativ schließen.

Schwachwüchsige Nadelgehölze

deutscher und botanischer Name	Wuchsform/Höhe in cm	Standort
Zwerg-Balsamtanne *Abies balsamea 'Nana'*	*kugelig, 50–80*	*sonnig bis halbschattig*
Blaue Kegelzypresse *Chamaecyparis lawsoniana 'Ellwoodii'*	*säulenförmig, bis 200*	*sonnig bis halbschattig*
Muschelzypresse *Chamaecyparis obtusa 'Nana Gracilis'*	*kegelförmig, bis 200*	*halbschattig*
Grüne Fadenzypresse *Chamaecyparis pisifera 'Filifera Nana'*	*flachkugelig, 100*	*sonnig bis halbschattig*
Blauer Strauchwacholder *Juniperus chinensis 'Blaauw'*	*strauchig, 150–200*	*sonnig bis halbschattig*
Gelber Strauchwacholder *Juniperus chinensis 'Old Gold'*	*nestförmig, 100*	*sonnig bis halbschattig*
Kriechwacholder *Juniperus communis 'Repanda'*	*polstrig, 30*	*sonnig bis halbschattig*
Blauer Zwergwacholder *Juniperus horizontalis 'Glauca'*	*mattenförmig, 30*	*sonnig bis halbschattig*
Blauer Kriechwacholder *Juniperus squamata 'Blue Carpet'*	*flach, 20–30*	*sonnig*
Blauer Zwergwacholder *Juniperus squamata 'Blue Star'*	*halbkugelig, 70–80*	*sonnig*
Sibirischer Zwerg-Lebensbaum *Microbiota decussata*	*nestförmig, 20*	*sonnig bis schattig*
Igelfichte *Picea abies 'Echiniformis'*	*igelförmig, 20–30*	*sonnig bis halbschattig*
Nestfichte *Picea abies 'Nidiformis'*	*flach-rundlich, 80–100*	*sonnig bis halbschattig*
Gnomenfichte *Picea abies 'Pygmaea'*	*kegelig, 100*	*sonnig bis halbschattig*
Kleine Zuckerhutfichte *Picea glauca 'Conica'*	*kegelig, 100–200*	*sonnig bis halbschattig*
Mopskiefer *Pinus mugo 'Mops'*	*kugelig, 150*	*sonnig*
Silberkiefer *Pinus sylvestris 'Watereri'*	*säulenförmig, 200*	*sonnig*
Kisseneibe *Taxus baccata 'Repandens'*	*niedrig, 40–50*	*sonnig bis schattig*
Kugellebensbaum *Thuja occidentalis 'Danica'*	*kugelig, 30–50*	*sonnig bis halbschattig*
Gelber Kugellebensbaum *Thuja occidentalis 'Rheingold'*	*kegelig, 150*	*sonnig bis halbschattig*

Schwachwüchsige Laubgehölze

deutscher und botanischer Name	Wuchsform/Höhe in cm	Standort
Buchsbaum *Buxus*	*buschig, 50–150*	*sonnig bis halbschattig*
Besenheide *Calluna vulgaris*	*buschig, 15–20*	*sonnig bis halbschattig*
Korkenzieherhasel *Corylus avellana*	*buschig, 200–300*	*sonnig*
Zwergmispel *Cotoneaster*	*kriechend, 20–30*	*sonnig bis halbschattig*
Pfaffenhütchen *Euonymus europaeus*	*buschig bis 150*	*sonnig bis halbschattig*
Efeu *Hedera helix*	*kletternd, 20–300*	*halbschattig bis schattig*
Stechpalme *Ilex crenata*	*buschig, 50–200*	*sonnig bis halbschattig*
Mandelbäumchen *Prunus triloba*	*buschig, bis 200*	*sonnig bis halbschattig*
Feuerdorn *Pyracantha*	*buschig, bis 250*	*sonnig bis halbschattig*
Rhododendron *Rhododendron*	*buschig, 50–150*	*halbschattig bis schattig*
Skimmie *Skimmia*	*buschig, 50*	*halbschattig bis schattig*
Zwerg-Weigelie *Weigela florida*	*buschig, 50–150*	*sonnig bis halbschattig*

Winterharte Stauden/Zwiebelpflanzen

Bergenie *Bergenia*	*violett-rot; April/Mai, September/Oktober*	*halbschattig bis schattig*
Glockenblume *Campanula persicifolia*	*lila-blau; Juni bis August*	*sonnig bis halbschattig*
Waldrebe *Clematis*	*rosa, blau, violett*	*April bis August*
Frühlings-Krokus *Crocus verna*	*gelb bis braun; Juni bis Oktober*	*sonnig bis halbschattig*
Christrose *Helleborus niger*	*wie, rötlich; Dezember bis April*	*lichter Halbschatten*
Tulpen *Tulipa*	*viele Farben; April/Mai*	*sonnig*
Stiefmütterchen *Viola*	*viele Farben; April bis Oktober*	*sonnig bis halbschattig*

Den Ganzjahresbalkon pflanzen und pflegen

Pflanzen, die den Balkon dauerhaft schmücken sollen, brauchen einen guten Start. Der Wahl der Pflanzgefäße und des Substrats kommt deshalb eine entscheidende Bedeutung zu. Hat man bei der Pflanzung die bestmöglichen Bedingungen geschaffen, erfordert die spätere Pflege der Pflanzen nur wenig Zeiteinsatz und Aufwand.

Die passenden Gefäße

Auch robusten und winterharten Pflanzen muss man, wenn sie über Jahre hinweg bei Wind und Wetter den Balkon begrünen sollen, eine „Behausung“ bieten, in denen sie sich langfristig wohlfühlen und ihre Wurzeln frei und ohne Krümmungen entfalten können. Die Ballen sollten nach allen Seiten einen Pflanzabstand von etwa 10 cm zur Gefäßwand haben. Je größer der Pflanzkübel ist, desto weniger Probleme gibt es später bei der Pflege. Grundbedingung für eine Dauerbepflanzung sind deshalb ausreichend große, frostfeste und witterungsbeständige Gefäße. Nicht zuletzt haben Material, Qualität und Gewicht auch auf den Pflanz- und Pflegeaufwand Einfluss. Die Mindesthöhe für Kleinstauden sollte 25 cm, bei größeren Stauden, Gräsern und Zwerggehölzen mindestens 40 cm betragen. Größer werdende Gehölze verlangen eine Pflanztiefe von mindestens 60 cm. Die Pflanztröge sollten nicht direkt auf dem Boden stehen, damit überschüssiges Wasser problemlos ablaufen kann. Am häufigsten kommen Gefäße aus Ton und Kunststoff zum Einsatz, beide Materialien unterscheiden sich in ihren Eigenschaften grundlegend voneinander.

Tongefäße

Ton ist porös und dementsprechend luftdurchlässig. Zudem kann durch die feinen Poren Wasser verdunsten, weshalb das Substrat schneller austrocknet als in Kunststoffgefäßen. Man muss also öfter gießen, Staunässe stellt sich eher selten ein. Aufgrund der Durchlässigkeit des Tons wachsen die Wurzeln der Pflanzen gerne zu den Gefäßwänden hin und breiten sich daran entlang aus, da dort die Sauerstoffversorgung besser ist als in der Mitte des Ballens. Das Substrat wird daher nur unvollständig ausgenutzt. Ein weiterer Nachteil ist die Bruchempfindlichkeit und das hohe Gewicht, das vor allem bei großen Gefäßen zum (Transport-)Problem wird, andererseits sind schwere Tongefäße sehr standfest. Schließlich gibt es bei Ton erhebliche Qualitäts- und Preisunterschiede, vor allem bei Terrakotta-Ware. Neben industriell hergestellten Töpfen ohne und mit Verzierung sind Terrakotta-Gefäße aus Italien (Impruneta) überwiegend handgefertigte, kunstvoll verzierte Stücke, die dementsprechend teuer sind. Da sie aber aus hochwertigen Grundstoffen hergestellt und sehr hart gebrannt werden, sind sie im Gegensatz zur gepressten Industrieware weitgehend oder völlig frostfest. Unbestritten sorgen hochwertige Terrakotta-Tröge auf dem Balkon für ein südliches Flair und zu den warmen Erdfarben des Tons passen nahezu alle Pflanzen. Neue Tongefäße sollte man vor dem Bepflanzen einige Tage

wässern. Sind die Gefäßwände gleichmäßig durchfeuchtet, kann der Topf dem Wurzelballen nicht gleich nach der Pflanzung wertvolles Wasser entziehen.

Gefäße aus Kunststoff

Viele praktische Vorteile lassen sie immer mehr zum Einsatz in der Kübelkultur kommen. Kunststoffgefäße sind kostengünstiger, haben ein deutlich geringeres Gewicht und zeichnen sich vor allem durch ein gleichmäßiges Innenklima aus. Da die Wände luft- und wasserundurchlässig sind, verdunstet durch sie kein Wasser und es muss weniger gegossen werden als bei Tontöpfen. Die Wurzeln durchdringen das Substrat gleichmäßiger und wachsen erst zu den Wänden hin, wenn das Gefäß zu klein geworden ist. Kunststoffgefäße werden überwiegend in sehr stabiler, schlagfester Qualität angeboten, sie sind witterungsbeständig, haltbar und meist auch frostfest. Bei Trögen und Kästen, die auf sonnigen Plätzen stehen sollen, sollte man

auch auf eine gute UV-Beständigkeit achten. Die Palette an Formen und Farben hat sich zwischenzeitlich enorm erweitert. Für eine Dauerbepflanzung mit Zwerggehölzen empfehlen Baumschulen hochwertige Pflanzgefäße aus Kunststoff der Firma SERRALUNGA. Das Material ist ein Polyethylen, das im Rotationsguss-Verfahren verarbeitet wird. Es gibt sowohl ein- als auch doppelwandig ausgeführte Gefäße. Beim Rotationsguss bleibt die Oberfläche schön matt und glänzt nicht wie beim Spritzguss. Dadurch ist es möglich, Terrakotta-Imitate herzustellen, die kaum von echtem Terrakotta zu unterscheiden sind (s. Foto S. 27).

Vorbereitung der Gefäße

Als Grundvoraussetzung für eine erfolgreiche Gefäßkultur muss der Pflanzbehälter eine seiner Größe entsprechende Anzahl von Abzugslöchern haben, damit überschüssiges Wasser gut ablaufen kann. Staunässe würde die Pflanzen schnell faulen lassen. Bei kleinen Töpfen genügt ein einzelnes 1 Cent großes Loch, bei größeren Kübeln sind mehrere Abzugslöcher nötig. Balkonkästen sollten pro Meter etwa vier Bodenöffnungen haben. Über diese werden Tonscherben gelegt, sodass ein kleiner Hohlraum über ihnen entsteht. Auf diese Weise wird verhindert, dass sich die Löcher mit Erde zusetzen, sich das Wasser im Pflanzgefäß staut und die Wurzeln faulen. Über die Tonscherben bringt man (je nach Größe des Pflanzgefäßes) eine etwa 5–10 cm dicke Drainageschicht aus Blähton oder Kieseln ein. Sie speichert das Wasser und gibt es nach Bedarf an das Substrat zurück. Dies sollte etwas behutsam ausgeführt werden, da die Tonscherben beim Befüllen leicht verrutschen. Auf die Drainageschicht legt man noch ein Vlies und zieht es bis an den Gefäßrand. Es verhindert, dass beim Gießen Erde in die Drainage eingeschlämmt wird.

Vor der Bepflanzung müssen Balkonkästen, Kübel und Töpfe sorgfältig gereinigt werden. Man wäscht sie mit handwarmem Wasser aus, gebrauchte Gefäße befreit man mit einer Scheuerbürste von Erdrückständen und Kalkablagerungen. Hartnäckige Verkalkungen lösen sich leichter, wenn dem Wasser ein Schuss Essig hinzufügt wird. Wenn nicht schon vorhanden, müssen Abzugslöcher in die Gefäßböden gebohrt werden (s. o.), damit überschüssiges Wasser ablaufen kann, Staunässe würde die Pflanzen faulen lassen.

Das richtige Substrat

Grundlegende Voraussetzung für das Gedeihen der Pflanzen ist das richtige Substrat. In Gefäßen kultiviert müssen sie mit einem wesentlich begrenzteren Wurzelraum auskommen als im Freien ausgepflanzte Gewächse. Deshalb muss man bei der Auswahl bzw. Aufbereitung des Substrats größte Sorgfalt walten lassen. Vor allem bei langlebigen, stattlichen Pflanzen, die nicht jedes Jahr umgetopft werden, ist eine hochwertige Erde überaus wichtig.

Als *Substrat* bezeichnet man industriell hergestellte Mischungen aus reinen Bestandteilen unterschiedlicher Herkunft im Gegensatz zu einer selbst gemischten *Erde*, die als Basis gewachsenen Gartenboden verwendet. Wie jeder Gartenboden setzen sich auch die Substrate für Balkon- und Kübelpflanzen aus unzähligen Erdteilchen zusammen, die zwischen sich feinste Poren einschließen. Die Substratpartikel binden die Nährstoffe vorübergehend und setzen sie nach und nach frei.

Damit die Pflanzen gut gedeihen, muss das Substrat ihnen nicht nur genügend Halt geben, sondern auch über ein ausgewogenes, gleichbleibendes Verhältnis von Poren und Erdteilchen verfügen. Nur so lässt sich die Versorgung mit notwendigem Sauerstoff, Wasser und Nährstoffen bis in die Wurzelspitzen auf Dauer gewährleisten. Man spricht dann von der Strukturstabilität des Substrats, was bedeutet, dass die Erde auch nach häufigem Gießen oder starken Regenfällen nicht zusammensackt und verklebt. Darüber hinaus sollte das Substrat Nährstoffe und Wasser in ausreichender Menge speichern und wieder abgeben können, damit nicht in kurzen Abständen gewässert und nachgedüngt werden muss. Dies lässt sich durch die Zugabe mineralischer Bestandteile wie zum Beispiel Ton oder Sand erreichen. Zugesetzter Kalk lockert die Struktur der Erde und reguliert den Säuregrad. Dieser wird als pH-Wert angegeben und beeinflusst die Verfügbarkeit der Nährstoffe. Je höher der pH-Wert liegt, desto basischer, je niedriger, desto saurer ist das Substrat. Bei einem pH-Wert von 7 reagiert es neutral. Natürlich kann nicht jedes beliebige Erdgemisch diese Anforderungen erfüllen. Man sieht auch einem Substrat nicht an, ob es hochwertig ist oder nicht. Deshalb wurden sogenannte „Einheitserden" mit einer fest definierten Zusammensetzung entwickelt. Sie zeichnen sich durch eine hohe Strukturstabilität und gute Speicherkapazität für Wasser und Nährstoffe aus und garantieren eine hohe Qualität.

Zusatzstoffe und Spezialerden

Vor allem für in Gefäßen kultivierte Pflanzen bedeutet Staunässe eine ständige Gefahr. Bei nässeempfindlichen Arten lässt sich durch geeignete spezielle Zusatzstoffe die Wasserdurchlässigkeit des Substrats erhöhen. Dazu bieten sich folgende Materialien an:

- **Sand:** am besten grober kalkfreier Quarzsand
- **Splitt:** stark zerkleinertes Gestein verschiedener Zusammensetzung, das vor allem für die Drainageschicht in Frage kommt
- **Perlite:** unter hohen Temperaturen aufbereitetes poröses Vulkangestein, das die Erde lockert und zugleich in den Poren Wasser speichern kann
- **Styromull:** aufgeschäumtes Polystyrol, das durch seine geschlossenen Poren kein Wasser aufnimmt und sich deshalb für nässeempfindliche Arten eignet
- **Hygromull:** ein Kunststoffgranulat mit offenen Poren, das folglich Wasser speichern kann
- **Lavagrus und Bims:** die ebenfalls sehr porös sind und Wasser binden können

Einige Pflanzenarten stellen besondere Ansprüche an die Erde. Bei ihnen genügt es nicht, für ihr dauerhaftes Gedeihen eine Einheitserde oder vergleichbare Erdmischung durch Zusätze zu verbessern. Hier sollte man Substratmischungen wählen, die genau auf die Ansprüche der jeweiligen Pflanzen abgestimmt sind. So empfiehlt sich zum Beispiel für Rhododendron und Heidepflanzen *Moorbeeterde*. Durch die Verwendung von hochwertigem Torf mit optimaler Struktur und Holzfasern garantiert diese Spezialerde eine gute Wasser- und Nährstoffspeicherung. Sie bleibt vergießfest und atmungsaktiv, enthält Nährstoffe und alle für das Pflanzenwachstum notwendigen Spurenelemente.

Zum Füllen von großvolumigen Pflanzgefäßen mit Koniferen, Laubgehölzen und Bodendeckern bietet sich besonders gut *Trogerde*, bestehend aus Rindenkompost, Landerde, gebrochenem Blähton und Holzfasern an. Dank ihrer groben Struktur ist sie volumenbeständig und hat ein gutes Wasserrückhaltevermögen, was besonders in Trockenperioden für die Bepflanzung von Vorteil ist.

Trogerde-Granulat

Zwerggehölze richtig pflanzen

Für die Pflanzung ist das Frühjahr die beste Zeit. Nadelgehölze sollten möglichst vor dem neuen Austrieb, Laubgehölze nicht während der Blüte gesetzt werden. Im Frühjahr und Herbst bekommt man die Gehölze als Ballenware. Baumschulen bieten in Behältern kultivierte Container-Pflanzen an, die während des ganzen Jahres verpflanzt werden können.

So gelingt die Pflanzung:

- Trockene Wurzelballen vor dem Pflanzen in ein Tauchbad stellen.
- Das Substrat in das Gefäß füllen. Feste Wurzeln von Containerballen mit der Hand lockern.
- Die Pflanzen in der vorgesehen Anordnung in das Gefäß stellen, sie sollen nicht tiefer gesetzt werden als sie vorher standen, damit die Triebe nicht faulen.
- Das Gefäß bis etwa 2 cm unter den Rand mit Substrat auffüllen, so wird verhindert, dass beim Gießen Erde über den Gefäßrand geschwemmt wird.
- Darauf achten, dass die Lücken zwischen den Wurzelballen gut mit Erde aufgefüllt sind.
- Nach dem Pflanzen die Erde andrücken und durchdringend gießen, bis Wasser aus den Abzugslöchern fließt.

Zahlreiche Pflanzen vermehren sich durch flache Wurzelausläufer, gehen also in die Breite. Gegen übermäßiges Wachstum empfiehlt sich die Begrenzung durch eine *Wurzelsperre*, die im Gartenfachhandel als Folie in verschiedenen Ausführungen erhältlich ist. Sie sollte gleich beim Einsetzen der Pflanzen mit angebracht werden. Dabei ist auf die passende Stärke der Folie und auf den voraussichtlichen Platzbedarf der einzugrenzenden Pflanze zu achten.

Die wichtigsten Pflegemaßnahmen

Ein Leben in Kübel und Kästen ist für Pflanzen nicht immer einfach. Auch robuste und pflegeleichte Gewächse brauchen, damit sie gedeihen und sich der Balkon über Jahre hinaus in eine grüne Oase verwandelt, ein gewisses Maß an regelmäßiger Pflege.

Richtig gießen

Für jede Kübelpflanze ist die Versorgung mit Wasser die lebensnotwendigste Pflegemaßnahme. Wie viel und in welchen Abständen gegossen werden muss, hängt von mehreren Faktoren ab. Neben artspezifischen Bedürfnissen spielen dabei der Standort und das Wettergeschehen vor Ort ebenso eine Rolle wie Größe und Material des Gefäßes sowie das Substrat. Der häufigste Pflegefehler ist, wenn die Pflanzen ständig zu nass gehalten werden. Davon erholen sie sich wesentlich schlechter als von zeitweiliger Trockenheit. Wann gegossen werden muss, lässt sich am besten mit der Fingerprobe feststellen. Man drückt den Finger etwa 2 cm tief in die Erde

Eine automatische Bewässerung empfiehlt sich, wenn viele Pflanzen gegossen werden müssen und der Zeitaufwand nicht immer geleistet werden kann.

und fühlt, ob sie noch leicht feucht ist. Erst wenn sie sich wirklich trocken anfühlt, muss Wasser zugeführt werden. Wassermangel lässt sich an schlapp herabhängenden Blättern und Trieben und an einem sich vom Gefäßrand lösenden Ballen erkennen. So weit sollte man es aber gar nicht erst kommen lassen, weil die Pflanzen dann oft schon Schaden genommen haben. Meist jedoch lässt sich der „Schadensfall" durch mehrmaliges, durchdringendes Wässern in wenigen Tagen wieder beheben. Das Substrat darf jedoch niemals ganz austrocknen, da sich sonst seine Wasseraufnahme- und

-speicherkapazität merklich verringert. Pflanzen wachsen nicht das ganze Jahr über gleichbleibend kräftig, meist legen sie je nach Art eine Ruhepause ein. In der Wachstumsphase, vor und während der Blütezeit brauchen sie am meisten Wasser, danach kann in der Regel etwas weniger gegossen werden.

Der zum Gießen günstigste Zeitpunkt ist frühmorgens, ehe die Sonne ihre volle Kraft erreicht sowie abends. An besonders heißen Tagen muss sogar zweimal Wasser zugeführt werden. Grundsätzlich wässert man besser in größeren Abständen reichlich und durchdringend als häufig und spärlich.

Automatische Bewässerung

Häufig fehlt dem Balkongärtner nach einem anstrengenden Arbeitstag die Zeit, seine Balkonpflanzen zu wässern. Hier kann ein automatisches Bewässerungssystem Abhilfe schaffen. Es empfiehlt sich insbesondere dann, wenn man viele Pflanzen zu gießen hat oder häufig unterwegs ist und sich daher nicht täglich um sein grünes Paradies kümmern kann. Auch für die Wasserversorgung während des Urlaubs ist ein derartiges Bewässerungssystem geeignet, da es über mehrere Wochen hinweg sicher funktioniert. Das Projekt einer automatischen Bewässerung steht und fällt mit den Rahmenbedingungen vor Ort, denn das gewählte System muss zu den Möglichkeiten auf dem Balkon passen, optimal wäre ein Wasser- und Stromanschluss. Aber selbst, wenn dies nicht vorhanden ist, lässt sich eine automatische Bewässerungsanlage installieren. Rat und Informationen, welches der Systeme für den jeweiligen Balkon in Frage kommt, wie es funktioniert, vor allem aber auch für eine fachgerechte Installation bekommt man im Gartenfachhandel.

Düngen nach Maß

Für in Gefäßen kultivierte Pflanzen mit begrenztem Erdvolumen ist die Versorgung mit Nährstoffen besonders wichtig, da Regen und Gießwasser die Nährstoffe schnell auswaschen. Will man gleichbleibend gute Wachstumsvoraussetzungen schaffen, müssen die benötigten Nährstoffe durch regelmäßiges Düngen zugeführt werden. Zu den Hauptnährstoffen gehören:

- **Stickstoff** für das Blatt- und Triebwachstum,
- **Phosphor** zur Blüten- und Fruchtbildung sowie Förderung der Verholzung,
- **Kalium** zur Förderung der Stand- und Winterfestigkeit,
- **Kalzium** für kalkliebende Pflanzen,
- **Magnesium** als Bestandteil des Blattgrüns, vor allem wichtig für immergrüne Pflanzen.

Daneben benötigen die Pflanzen noch Spurenelemente wie Eisen, Zink, Kupfer und Mangan. In guten Erdmischungen sind sie ausreichend enthalten. Bei einer Dauerbepflanzung ist die einfachste Lösung für eine ausgewogene Nährstoffversorgung *Langzeit-* oder *Depotdünger* zuzuführen. Sie enthalten alle wichtigen Nährstoffe und geben diese im Verlauf von etwa 8–12 Wochen an die Pflanzen ab. Eine Ummantelung sorgt dafür, dass die enthaltenen Nährstoffe nur langsam und abhängig von der Außentemperatur freigesetzt werden. Man kommt daher bei vielen Gewächsen mit nur einer Düngung in der Wachstumsphase aus. *Flüssigdünger* wird dem Gießwasser beigemischt und lässt sich in niedriger Dosierung verabreichen. Als „goldene" Düngeregeln gelten:

- Besser öfter und niedrig als selten und hoch dosiert düngen
- Neu erworbene Pflanzen erstmals nach 4–6 Wochen düngen
- Überwinterte Pflanzen erst düngen, wenn sie kräftig treiben
- Gehölze nur bis August düngen, damit das Holz austreiben kann
- Kalkempfindliche Pflanzen (Rhododendron, Hortensien) mit Spezialdünger für Moorbeetpflanzen düngen
- Wurde dem Substrat ein Langzeitdünger beigemischt, erstmals nach 10 Wochen düngen

Schneiden

Viele Gehölze vertragen einen Schnitt, andere wiederum gar nicht. Zwergnadelgehölze sollten nicht geschnitten werden, da die meisten Arten entfernte Zweige nicht wieder ersetzen. Flachwachsender, ausufernder Wacholder übersteht allerdings eine Kürzung der Triebspitzen.

Bei den meisten Blütensträuchern empfiehlt sich ein Pflanzschnitt, der den Verlust von Wurzeln ausgleicht. Dazu werden die Zweige bei der Pflanzung auf zwei Drittel ihrer Länge gekürzt. Bei vielen sommerblühenden Zwergsträuchern ist ein kräftiger *Rückschnitt* nötig, denn er fördert die Blühwilligkeit.

Für schnittverträgliche Gehölze wie Buchs oder Feuerdorn ist im Mai und Juni der beste Zeitpunkt für einen *Formschnitt*.

Winterschutz

Auch winterharte Kübelpflanzen freuen sich in der kalten Jahreszeit über ein wenig Schutz vor Wind und Wetter. Einige von ihnen müssen vor strengen Frösten, aber auch vor der Wintersonne entsprechend geschützt werden. Das gilt sowohl für die oberirdischen Pflanzenteile als auch für den Wurzelbereich. Daher macht es Sinn, wenn man bereits vor dem ersten Frost ein paar einfache Schutzmaßnahmen

Jutesäcke schützen die Pflanzen nicht nur vor strengem Frost, sondern sehen auch noch hübsch aus.

ergreift. Nach Möglichkeit sollten die Kübelpflanzen windgeschützt stehen (zum Beispiel an der Hauswand). Für stürmische Herbsttage kann auch eine Standhilfe hilfreich sein, dazu eignet sich am besten eine Rankhilfe. Besonders empfindlich sind die Pflanzen an der Wurzel. Damit die Kübel im Winter nicht einfrieren, werden sie mit lichtdurchlässiger Jute, Schilf oder einer Noppenfolie ummantelt. In besonders kalten Nächten hilft zusätzlich eine Unterlage aus Styropor. Eine andere Möglichkeit ist, kleinere Töpfe in größere Kübel zu stellen und die Zwischenräume mit dämmenden Materialien auszustopfen. Schutz von oben bietet eine Schicht aus Reisig oder Stroh, die einfach auf die Erde aufgetragen wird. Grundsätzlich sollten alle im Freien stehenden Pflanzgefäße auf Füßchen oder Leisten gestellt werden. Dann kann die Luft zwischen Balkonboden und Abzugsloch zirkulieren und ein Eispfropf in der Öffnung taut schneller auf.

Wichtig: Bei immergrünen Kübelpflanzen besteht im Winter eher die Gefahr zu verdursten als zu erfrieren. Denn sie verdunsten auch im Winter bei Sonnenschein Feuchtigkeit über ihre Blätter. Ist die Erde um ihre Wurzeln gefroren, können sie keinen Nachschub mehr aufnehmen. Daher sollte man an frostfreien Tagen immer mal wieder gießen.

Mit Zwerggehölzen gestalten

Im Vergleich zur üblichen Balkonbepflanzung mit Geranien und Sommerblumen bietet die Gestaltung mit Zwerggehölzen und mehrjährigen Stauden viel mehr Möglichkeiten. Schon mit wenigen Pflanzen lassen sich malerische Lebensgemeinschaften von Pflanzen anlegen. Auf den folgenden Seiten sollen Beispiele von Pflanzkombinationen Anregungen geben.

Pflanzbeispiele

● Frühjahrskasten mit Buchs und Tulpen-Hybriden 'Ballade' und 'Queen of the Night'

● Stechpalme 'Blue Princess' mit roten Beeren, Scheinzypresse 'White Spot', Fruchtskimmie 'Bright Orange' mit orangen Beeren, Schneeheide 'Darley Dale', Enzian und Gräser

● Lila Besenheide 'Hilda', Buchs und Efeu

● Herbstkasten im Raureif mit Purpurglöckchen, Stacheldraht, Wolfsmilch und Thymia

● Buchskugel und Buchspyramide, Efeu und Stiefmütterchen

Pflanzbeispiele

● Forsythie 'Lynwood Gold', Kiefer, Zierquitte, Kriechwacholder, Blaukissen und Moossteinbrech

● Buchskugel und Buchspyramide, Stellar-Geranien, Fuchsie und Efeu

● Buchs, Lungenkraut 'Trevi Fountains' und 'Azurea', Storchschnabel und Hornveilchen 'Etain'

● Zuckerhutfichte 'Conica', Igelfichte, Glockenblume und Seifenkraut

● Efeu in Kugelform, Buchs als Spirale geschnitten und Lorbeerbaum in Kugelform

Pflanzbeispiele

● Weißer Balkon mit Buchs als Spirale geschnitten, Ligusterstämmchen und -kugel, Geranien, Rosen und Lilien

● Hängebuche 'Pendula', Knäuelglockenblume 'Caroline', Immergrün, Storchschnabel 'Rozanne', Zwergmispel, Funkie, Blumenhartriegel, Efeu und Blauregen

● Bergkiefer, Silberkiefer 'Watereri', Thuja 'Miss Bowling Ball', Rotes Federborstengras, Hängegeranie 'Lachs', Zauberglöckchen, Blutblatt und Sommerzypresse 'Green Bunch'

● Efeu 'Mini-Ester', Buchs, Zuckerhutfichte 'Conica', Fetthenne, Knospenheide 'Helena', Silberblatt, Stacheldraht und Drahtwein

● Zuckerhutfichte in Naturform und als Spirale geschnitten, Säulenapfel 'Ballerina', Polsterphlox, Katzenminze und Schlitzahorn

Pflanzbeispiele

- Wacholder, Scheinzypressen 'Boulevard' und 'Ellwoods Pillar', Kriechspindel und Schleifenblume

- Zwergkiefer 'Varella', Fadenzypresse ‚Sungold', Fetthenne und Segge 'Evergold'

- Bergkiefer, Nelke, Lavendel und Seifenkraut

- Knospenheide 'Alicia', Zuckerhutfichte 'Conica', Torfmyrte, Fetthenne, Stacheldraht, Zwerg-Kalmus und Hornveilchen

- Zwergkiefern 'Bambino' und 'Varella', Heidekraut, Efeu, Stacheldraht und Goldkalmus

Winterharte Balkonpflanzen im Porträt

In diesem Kapitel werden 44 winterharte Pflanzen (schwachwüchsige Nadel- und Laubgehölze, Stauden und Zwiebelpflanzen) mit ihren Kennzeichen sowie Hinweisen zur Kultivierung vorgestellt.

Zwerg-Balsamtanne

Abies balsame

Aussehen Diese hübsche, nestartig wachsende Zwergform der Balsamtanne eignet sich optimal für die Kübelpflanzung. Sie wächst dicht verzweigt mit dunkel-blaugrünen, beim Zerreiben stark aromatisch duftenden Nadeln und wird maximal 100 cm hoch und 120 cm breit. Das buschige Gehölz wächst relativ langsam, der jährliche Zuwachs beträgt 3–5 cm. *A. balsamea* hat tiefgehende Wurzeln (ca. 40–50 cm), deshalb empfiehlt sich höherer Topf zum Einpflanzen dieses edlen Zwerggehölzes.

Standort Sonnig bis halbschattig

Pflegetipp

Die Zwerg-Balsamtanne ist unter den Nadelgehölzen eines der pflegeleichtesten. Im Kübel darf sie nie richtig trocken werden, denn sie schätzt eine normale Bodenfeuchtigkeit. Im Winter sollte der Kübel mit Vlies umhüllt werden, denn der Frost kann die Wurzeln schädigen.

Zwerg-Koreatanne

Abies koreana

Aussehen Die Zwerg-Koreatanne 'Molli' (Bild) ist ein sehr dekoratives Ziergehölz, das sich aufgrund seines kompakten und gleichmäßig runden Wuchses ideal für die Pflanzung in Kübeln eignet. Die Nadeln sind dunkelgrün mit silbriger Unterseite. Sie stehen radial um die Zweige herum und sehen durch den Kontrast ihrer dunkelgrünen Oberseite zu der kalkweißen Unterseite sehr elegant aus. Im Herbst und Winter wird das Formgehölz zudem durch blaugraue, aufrechte Zapfen geschmückt.

Standort Sonnig bis halbschattig

Pflegetipp

Die Zwerg-Koreatanne ist äußerst pflegeleicht, widerstandsfähig und sehr frosthart. Bei anhaltender Trockenheit gießen, im Winter auch an frostfreien Tagen. Auch bei den Zuchtformen entwickelt sich die stockwerkartige Wuchsform ganz von selbst.

Zwerg-Scheinzypresse

Chamaecyparis lawsoniana

Aussehen Die Zwerg-Scheinzypresse 'Snow White' (Bild) ist ein mehrjähriger, winterharter, bis 100 cm hoher und 50 cm breiter Naturzwerg. Mit ihrem straff aufrechten, kegelförmigen Wuchs lässt sie sich sehr gut im Kübel kultivieren und eignet sich deshalb auch für die Balkonbepflanzung. Die Triebspitzen sind im Winter gelb-weiß und nehmen später eine grau-grüne Färbung an. So sorgt 'Snow White', auch als hübscher Solitär für schöne Farbkontraste auf dem Balkon.

Standort Sonnig bis halbschattig

Pflegetipp

Das frostharte Gehölz sollte einmal im Jahr im Februar/März zurückgeschnitten werden, um die kompakte Wuchsform zu erhalten. Empfindlich reagiert 'Snow White' auf anhaltende Trockenheit, deshalb sollte man für einen ausreichend feuchten Untergrund sorgen.

Zwerg-Muschelzypresse

Chamaecyparis obtusa

Aussehen In jungen Jahren wirkt die Zwerg-Muschelzypresse von ihrem Wuchs her eher rundlich. Mit der Zeit geht sie in eine unregelmäßige und kegelartige Form über. Der Strauch ist kompakt und gedrungen. Am rotbraunen Stamm stehen waagerechte Äste mit muschelförmigen Zweigen, denen das Gewächs seinen Namen verdankt. Die jungen, aus den Zweigen entspringenden Triebe sind hellgrün. Die älteren Triebe von 'Nana Gracilis‘ (Bild) erscheinen in einem schönen Dunkelgrün. Die Nadeln sind schuppenförmig, dick und glänzend.

Standort Halbschattig bis schattig

Pflegetipp

Bei Trockenheit regelmäßig, jedoch nicht zu stark gießen, Staunässe vermeiden; auch im Winter an frostfreien Tagen wässern. Mit organischem Langzeit- oder Flüssigdünger versorgen. Da die Zwerg-Muschelzypresse nur langsam wächst, ist ein Rückschnitt nicht nötig.

Blauer Kriechwacholder

Juniperus horizontalis

Aussehen Die Gattung *Juniperus* umfasst etwa 60 Arten, die in der Nordhemisphäre beheimatet sind. Die meisten Arten entwickeln sich zu kleinen, auch mittelgroßen, oft mehrstämmigen Bäumen, viele bleiben aber auch strauchförmig oder gehören zur Gruppe der flachwüchsigen Zwergsträucher, die sich auch im Kübel pflanzen lassen. *J. horizontalis* 'Blue Star' (Bild) eignet sich durch seinen flachen Wuchs besonders als Bodendecker. Das Blattwerk ist sehr dicht und kissenartig. Die Nadeln von *J. horizontalis* 'Glauca' sind stahlblau, die Spitzen der Triebe stehen sternförmig ab.

Standort Sonnig bis halbschattig

Pflegetipp

Der Blaue Kriechwacholder ist sehr pflegeleicht. Ein leichter Rückschnitt im Frühjahr ist ausreichend. Radikale Rückschnitte sollten unbedingt vermieden werden, da der Wacholder aus dem alten Holz nicht mehr austreibt.

Kleine Blaufichte

Picea pungens

Aussehen Die Sorte 'Glauca Globosa' ist ein flachkugeliger blauer Zwerg, der in der Jugend locker und unregelmäßig, später sich dann eher breit kegelförmig bis flachkugelig und sehr dicht verzweigt. Sie wird bis 1,5 m hoch und 2 m breit. Die intensiv silberblauen, bis 12 mm langen Nadeln stehen dicht. Längliche, zylinderartige, hellbraune, bis 10 cm lange Zapfen. Langsam wachsend, jährlicher Zuwachs 15–30 cm.

Standort Sonnig

Pflegetipp

Regelmäßig gießen, dazwischen abtrocknen lassen. Da das Gehölz schneedruckgefährdet ist, im Winter die Zweige mit einer Schnur umwickeln. Anderenfalls könnten sie durch die Schneelast auseinanderklappen und sich nicht mehr erholen.

Zwergkiefer

***Pinus mugo*-Sorten**

Aussehen Die höheren Sorten (1–2 m) wachsen sparrig und locker verzweigt. Die Zwergformen erreichen eine Höhe und Breite von 30–100 cm und bilden langsam wachsende, kompakte Polster. *P. mugo* 'Mops' wächst kissenförmig, 30–40 cm hoch und 50–60 cm breit mit dunkelgrünen Nadeln und silbrigen Nadelscheiden. *P. mugo* 'Benjamin' (Bild) wird bis 50 cm hoch und wächst mehrstämmig, *P. mugo* 'Jacobsen' wächst flach, fast wie ein Bodendecker, mit dicken, grünen Nadeln und fuchsschwanzähnlichen Endtrieben.

Standort Sonnig bis halbschattig

Pflegetipp

Von Frühjahr bis Herbst kräftig, danach mäßig gießen, aber nicht austrocknen lassen, regelmäßig für leichte Erdfeuchte sorgen; von Mai bis September alle 4-8 Wochen düngen. Die Zwergkiefer lässt sich auch gut zu einem Bäumchen formieren.

Kugel-Lebensbaum

Thuja occidentalis

Aussehen Der Kugel-Lebensbaum ist ein bis zu 80 cm hoch wachsendes Nadelgehölz mit einer dicht geschlossenen Zwergform und feinen Nadeln an senkrecht stehenden Zweiglein. Die kugelige Form bildet sich ohne Schnitt, in der Jugend ist der Wuchs eher flachkugelig, später kugelrund. Die Äste stehen unregelmäßig aufrecht, die Zweigspitzen sind überbogen und gedreht. Die im Sommer frischgrünen bis dunkelgrünen Nadeln färben sich im Winter bronzefarben. Der Kugel-Lebensbaum kann durch leichten Schnitt in seiner kugelrunden Form gehalten werden.

Standort Sonnig bis halbschattig

Pflegetipp

Die ganze Gattung *Thuja* ist sehr anspruchslos und absolut winterhart. Größere Mengen Schnee sollten vom Kugel-Lebensbaum entfernt werden, da Schneelast die Form beeinträchtigen kann. Gerade in der Mitte können sich Löcher bilden, die sich im Frühjahr kaum wieder schließen.

Fächerahorn

Acer palmatum

Aussehen Das langsam wachsende Gehölz trägt 5–7 sommergrüne, mehr oder weniger stark handförmig gelappte Blätter, die sich im Herbst rotgolden verfärben. Einige Arten zeigen interessante Rindenzeichnungen. Meist kleine, grünlich-unscheinbare, in endständigen Rispen oder Trauben stehende Blüten. Für die Gefäßkultur eignen sich besonders die grazilen Schlitz-Ahorne (*Dissectum*-Varietäten), die im Kübel 150–200 cm Höhe und 200 cm Breite erreichen: *A. palmatum* 'Ornatum' mit weinroten, fein geschlitzten Blättern, 'Garnet' mit braunrotem Laub.

Standort Sonnig bis halbschattig, windgeschützt

Pflegetipp

Gleichmäßig feucht halten, nie austrocknen, aber keine Staunässe aufkommen lassen. Bis August monatlich düngen. Bei der robusten Pflanze sind weitere Pflegemaßnahmen wie Schnitt nicht erforderlich. Im Winter an frostfreien Tagen mäßig gießen. Im Frühjahr oberste Erdschicht erneuern.

Buchs

Buxus sempervirens

Aussehen Der Gartenpflanzenklassiker lässt sich ebenso im Kübel kultivieren und sorgt auch auf dem winterlichen Balkon für einen Hingucker. Es sind verschiedene Sorten erhältlich, die sich in Blattfärbung sowie in der Höhe unterscheiden. *B. sempervirens* 'Suffruticosa' ist ein bis zu 1 m hoher, dichtbuschiger Kleinstrauch mit immergrünen, verkehrt-eiförmigen oder eiförmigen, glänzend-dunkelgrünen Blättern. Sie riechen vor allem bei warmem Wetter sehr streng. Wesentlich höher wird der robuste *B. sempervirens* var. *arborescens*, der sich ebenfalls im Kübel kultivieren lässt.

Standort Sonnig bis schattig

Pflegetipp

In der Wachstumszeit gleichmäßig feucht halten, kurze Trockenheit wird vertragen. Von Mai bis August monatlich düngen. Rück- bzw. Formschnitt günstig Ende Juni, leichter Formschnitt das ganze Jahr über möglich. Im Winter vor Sonne schützen.

Besenheide

Calluna vulgaris

Aussehen Die Besenheide ist ein bis 50 cm hoher, reich verzweigter Kleinstrauch mit immergrünen Blättern. Die nickenden, weißen oder rosafarbenen Einzelblüten stehen in einem dichten und traubigen Blütenstand. Ideal für Gefäße sind knospenblühende Sorten. Sie bleiben im Knospenstadium stehen und können somit nicht bestäubt werden. Dadurch verblühen sie nicht und präsentieren ihre farbigen Knospen bis weit in den Winter hinein. Andere Sorten haben das ganze Jahr eine goldgelbe Belaubung und verfärben sich im Herbst orange.

Blütezeit Juni bis Oktober

Standort Sonnig bis halbschattig

Pflegetipp

Der Strauch übersteht Trockenheitsphasen recht gut. Er verträgt kein kalkhaltiges Wasser, möglichst mit Regenwasser gießen, sobald die oberste Substratschicht ausgetrocknet ist, Staunässe vermeiden. Im Frühjahr organisch düngen und etwa handhoch zurückschneiden.

Waldrebe

Clematis

Aussehen Die *Waldrebe* ist eine sehr gut für den *Balkon geeignete Kletterpflanze*. Nicht nur, dass sie Spaliere oder andere Rankhilfen schnell mit ihrem üppigen Wuchs bedeckt und somit Sichtschutz bietet, sie schmückt sich auch noch mit wunderschönen, bis zu 20 cm großen Blüten. Diese können je nach Sorte weiß, rot, rosa, blau oder violett sein. Es gibt diese Farben in intensiven Ausprägungen oder in Pastelltönen. Als mehrjährige Pflanzen lassen sich die meisten *Clematis*-Arten problemlos das ganze Jahr im Kübel kultivieren und wachsen dabei von Jahr zu Jahr dichter.

Blütezeit Ab Ende April bis August

Standort Sonnig bis halbschattig

Pflegetipp

Waldreben können auf dem Balkon überwintern und am Spalier verbleiben. Für schnelles Wachstum und reiche Blütenpracht benötigen sie viel Wasser (aber Staunässe vermeiden) und ausreichend Dünger. Um die Verdunstung zu reduzieren, empfiehlt es sich, die Erde mit Rindenmulch abzudecken.

Zwergmispel

Cotoneaster

Aussehen Kaum eine andere Laubgehölzgattung lässt sich so vielseitig verwenden: als Bodendecker, dichte Hecke, Fassadengrün oder Kübelpflanze. Im Herbst ist das immergrüne Gehölz mit seinem auffälligen Beerenschmuck und farbigen Laub ein willkommener Farbtupfer. Für die Kübelpflanzung empfehlen sich niedrige, bodendeckende Arten wie *C. dammeri*, *C. salicifolius* und *C. microphyllus*. Sie alle werden nicht mehr als 100 cm hoch, aber mit ihren langen, überhängenden Trieben um ein Vielfaches breiter. Im Mai/Juni zeigen sich weiße bis rosafarbene Blüten, ab August gehen aus ihnen gelbe oder rote Früchte hervor.

Standort Sonnig

Pflegetipp

In der Wachstumszeit mäßig gießen, aber nicht austrocknen lassen. Monatlich düngen. Bei Bedarf leichter Formschnitt möglich. Große Kübel brauchen Winterschutz. An frostfreien Tagen mäßig gießen.

Schneeheide

Erica carnea

Aussehen Die Schnee- oder Winterheide ist ein reich verzweigter, teppichbildender Zwergstrauch mit dünnen, bogig aufsteigenden Ästen und einer maximalen Wuchshöhe von 30 cm. Ab Dezember erscheinen die nickenden, zwittrigen, je nach Sorte weißen, rosa oder roten Blütenglocken in einem vielblütigen, traubigen Blütenstand. Die braunroten Staubbeutel ragen aus der Krone heraus. Die immergrünen, nadelförmigen Laubblätter bilden hierzu einen dekorativen Kontrast. Aufgrund der frühen Blütezeit ist die Schneeheide eine wichtige Nahrungsquelle für viele Insekten.

Blütezeit Dezember bis April

Standort Sonnig bis lichter Schatten

Pflegetipp

Die Schneeheide lebt in Symbiose mit einem Wurzelpilz, welcher der Pflanze Wasser, Stickstoff und Phosphor liefert. Aus diesem Grund darf sie nie ohne die Topferde ins Substrat eingesetzt werden. Mäßig feucht halten, nur mit kalkfreiem Regen- oder Leitungswasser gießen.

Gewöhnliches Pfaffenhütchen

Euonymus europaeus

Aussehen Das Pfaffenhütchen ist ein aufrechter, reich verzweigter, sparrig wachsender Strauch. Da er sehr schnittverträglich ist, kann er praktisch auf jede Größe geschnitten werden und eignet sich deshalb auch für die Kübelpflanzung. Interessant sind die bizarr aussehenden Früchte, die in der Vogelwelt sehr beliebt sind. Für den Menschen ist die Pflanze leider giftig, besonders die Samen. Das Großfrüchtige Pfaffenhütchen *(E. planipes*, Bild) fasziniert durch seine frühe, leuchtend orange Herbstfärbung und wird bis zu 3 m hoch und breit.

Früchte August bis Oktober

Standort Sonnig und warm

Pflegetipp

Das Pfaffenhütchen ist sehr gut winterhart, freut sich aber im Winter über einen geschützten Platz nah an einer warmen Hauswand. Das Pflanzgefäß sollte auf Styropor gestellt und warm eingepackt werden, sodass der Wurzelballen nicht durchfrieren kann.

Weißbunte Kriechspindel

Euonymus fortunei

Aussehen Die immergrüne Weißbunte Kriechspindel 'Silver Queen' (Bild) bietet viele Verwendungsmöglichkeiten. Als Bodendecker kriecht sie flach am Boden entlang, als kleiner Strauch ist sie flach und breit. Mit einer Kletterhilfe rankt sie mit ihren Haftwurzeln nach oben und lässt sich auch als Zierstämmchen kultivieren. Im Juni/Juli zeigen sich grünlich-weiße Blüten. Die dekorativen, dunkelgrünen Blätter sind markant weiß-cremefarben gefleckt und verfärben sich im Winter violett-rot. Die Goldbunte Kriechspindel hat gelbgerandete Blätter, die sich über die Wintermonate rosa färben.

Standort Sonnig bis halbschattig

Pflegetipp

Gerade die immergrünen Pflanzen benötigen auch im Winter eine ausreichende Wasserversorgung. Bei Kübelpflanzen ist es daher wichtig, dass an frostfreien Tagen regelmäßig gegossen wird. Bei Bedarf vertrocknete Teile auslichten. Im zeitigen Frühjahr in Form schneiden.

Scheinbeere

Gaultheria mucronata

Aussehen Die Scheinbeere ist ein winterharter, immergrüner Strauch aus der Gattung der Heidekrautgewächse. Die Triebe sind mit kleinen Blättchen besetzt. Der Name leitet sich aus den beerenartigen Früchten ab. Sie begleiten uns das ganze Jahr über. Es beginnt mit weißen oder hellrosa Blüten im Juli oder August. Danach bilden sich schöne rote, bei einigen Sorten auch weiße Früchte aus, die man bis ins Frühjahr bewundern kann. Das Laub färbt sich im Herbst bronzefarben. Da die Scheinbeere nicht sehr hoch wird, eignet sie sich auch gut als Bodendecker oder Unterpflanzung.

Blütezeit Juli/August

Standort Hell bis halbschattig

Pflegetipp

Wie alle Heidekrautgewächse sollte die Scheinbeere regelmäßig gegossen werden, längere Trockenheit verträgt sie nicht. Staunässe vermeiden. Von April bis September monatlich wenig mit Flüssigdünger versorgen. Vor der Wintersonne schützen, sonst Gefahr vor Austrocknung.

Strauchveronika

Hebe x andersonii-Hybriden

Aussehen Von den ca. 140 Strauchveronika-Arten eignen sich nur die Hybriden von *Hebe x andersonii* für die Gefäßkultur. Es sind hübsche, meist immergrüne, je nach Sorte 50–100 cm hohe Büsche mit ledrigen, bei der Sorte 'Variegata' panaschierten Blättern. Die in dichten Büscheln stehenden, kleinen Blütenkerzen variieren in Weiß, Karminrot und Violett. Die Sorten 'Autumn Glory', 'Autumn Beauty', 'Midsummer Beauty' und 'Maori Gem' können mit Kronen- und Wurzelschutz im Freien überwintern.

Pflegetipp

In der Wachstumszeit regelmäßig gießen, aber Staunässe unbedingt vermeiden. Im Winter an frostfreien Tagen wässern. Bis August alle 2 Wochen düngen. Winterschutz mit Fichtenreisig. Ein Rückschnitt nach der Blüte erhöht den nächstjährigen Blütenansatz.

Blütezeit Ende August bis Ende Oktober

Standort Sonnig bis halbschattig und geschützt

Efeu

Hedera helix

Aussehen Die kleine Gattung *Hedera* umfasst nur wenige Arten, jedoch zahlreiche Sorten verschiedenartiger Kletterpflanzen. Bei allen Arten und Sorten sind die immergrünen Blätter drei- bis fünflappig, glänzend grün oder panaschiert, ledrig und oft gelappt. Die meisten der Pflanzen bilden Luftwurzeln aus, die auf feuchten Unterlagen haften bleiben. Fast alle Formen und Sorten verzweigen sich bereitwillig und wachsen dicht und buschig. Einige Efeu-Sorten erreichen dieses buschige Wachstum jedoch nur, wenn man regelmäßig die Triebspitzen herausbricht.

Standort Halbschattig bis schattig

Pflegetipp

In der Wachstumszeit gut feucht halten, aber Staunässe vermeiden. Von Mai bis August alle 8-10 Wochen düngen. Junge Pflanzen am Stab hochleiten, sonst kriechen sie. Leichter Formschnitt wird recht gut vertragen.

Rispenhortensie

Hydrangea paniculata

Aussehen Die Rispenhortensie ist ein winterharter, Laub abwerfender, bis 2 m hoher, aufrecht wachsender, verzweigter Blütenstrauch mit glänzend dunkelgrünem Laub. Die eiförmigen Blätter sind 7–15 cm lang, spitz und gesägt. Je nach Sorte kann die Pflanze bis zu 2 m hoch werden. Die sterilen Blüten erscheinen je nach Sorte verteilt in einer bis zu 30 cm langen, kegelförmigen und endständigen Rispe vom Spätsommer bis Herbst. Die Sorte 'Grandiflora' bildet 15–30 cm lange, rahmweiße Blütenrispen, die sich beim Verblühen rosa verfärben. Getrocknete Blüten sind als Trockenstrauß attraktiv.

Blütezeit August/September

Standort Halbschattig bis schattig

Pflegetipp

Nach der Pflanzung reichlich gießen. Im Frühjahr mit einem organisch-mineralischen Dünger für Ziergehölze versorgen. Im Frühjahr ist ein kräftiger Rückschnitt nötig, um mehr Blüten zu erreichen. Die Rispenhortensie ist gut winterhart und braucht keinen besonderen Schutz.

Stechpalme

Ilex aquifolium

Aussehen Die Gattung *Ilex* umfasst mehrere hundert Arten, von denen in unseren Breiten *I. aquifolium* am populärsten ist. Die als Stechpalme bekannte Pflanze kann mehrere Meter hoch werden. Der immergrüne Strauch lässt sich aber auch gut im Kübel auf dem Balkon kultivieren. Am besten dafür geeignet sind mittelhohe oder klein bleibende Sorten wie zum Beispiel 'Heckenzwerg'. *Ilex* gehört zu den zweihäusigen Pflanzen, man braucht also immer eine männliche und eine weibliche Pflanze, wenn man sich im Herbst und Winter über reichlich rote Früchte freuen will.

Standort Halbschattig bis schattig

Pflegetipp

Von Frühjahr bis Herbst gleichmäßig feucht, aber nicht tropfnass halten. Im zweiten Jahr nach der Pflanzung von April bis September mit Flüssigdünger versorgen. Im Winter an einen geschützten Standort an die Hauswand stellen. An frostfreien Tagen gießen.

Torfmyrte

Pernettya

Aussehen Die Torfmyrte ist ein immergrüner, niedrigwachsender Strauch mit kleinen, glänzend grünen Blättern, die während der Blütezeit in einem schönen Kontrast zu den kleinen, meist weißen, glockenförmigen Blüten stehen. Die Blüten entwickeln sich anschließend zu schönen, auffallend großen Beeren, die je nach Sorte weiß, lila, karmesinrot, tiefrot oder weiß mit rosa Flecken sein können. Die Torfmyrte ist zweihäusig, nur die weibliche Pflanze trägt im Herbst die Beeren. Sie breitet sich wie ein Bodendecker aus und eignet sich deshalb auch gut für die Bepflanzung von Kästen.

Pflegetipp

Mäßig gießen, aber nicht austrocknen lassen. Von April bis September mit Flüssigdünger versorgen. Die Torfmyrte ist mäßig winterhart (im Freien im Topf bis -10 °C), deshalb Winterschutz empfehlenswert; vor Wintersonne schützen.

Blütezeit Mai/Juni

Standort Sonnig bis halbschattig

Japanische Lavendelheide

Pieris japonica

Aussehen Die immergrüne, winterharte Lavendelheide bildet lockere, breit aufrechte Sträucher, deren Blattaustrieb je nach Sorte auffallend gefärbt sein kann. Von Ende März bis Mai erscheinen weiße, etwa 10–15 cm lange, hängende Blütenrispen an den Triebenden. Die Sorte ‚Mountain Fire' ist ein 1,5 m hoher, kompakter Kleinstrauch, der zwar nicht besonders reich blüht, aber wegen seines lang anhaltenden, leuchtend roten Blattaustriebs sehr geschätzt wird. Der Neuaustrieb ist dunkelrot, hellt dann aber immer mehr auf und geht in ein glänzendes Dunkelgrün über.

Blütezeit März bis Mai

Standort Sonnig bis halbschattig

Pflegetipp

Während der Blütezeit regelmäßig mit kalkfreiem Regenwasser oder entkalktem Leitungswasser gießen, der Wurzelballen darf nicht austrocknen, Staunässe vermeiden. Nur organische Düngemittel einsetzen (am besten Rhododendrondünger).

Lorbeerkirsche

Prunus laurocerasus

Aussehen Die Lorbeerkirsche ist ein immergrüner Strauch oder Baum. Seine 8–15 cm langen, glänzend grünen, ledrigen Blätter ähneln in der Form dem Echten Lorbeer *(Laurus nobilis)*. Darauf und wegen der kirschartigen Steinfrüchte geht die populäre Bezeichnung „Kirschlorbeer" zurück. Die angenehm duftenden, weißen Blüten stehen in einem endständigen, traubigen Blütenstand zusammen. Die kugeligen Früchte sind anfangs grün und bei Reife schwarz. Für die Kübelpflanzung eignen sich nur kleinwüchsige Sorten wie 'Mount Vernon' und 'Low'n Green'.

Pflegetipp

Regelmäßig und ausreichend gießen, Staunässe vermeiden. Von Frühjahr bis August monatlich mit mineralischem Flüssigdünger oder Hornmehl versorgen. Damit der Strauch nicht zu groß wird, benötigt er hin und wieder einen Rückschnitt (entweder nach der Blüte oder im Spätsommer).

Blütezeit April bis Juni

Standort Halbschattig

Feuerdorn

***Pyracantha coccinea*-Hybriden**

Aussehen Der Feuerdorn ist ein mittelgroßer, immergrüner, buschiger, mit kräftigen Dornen besetzter Strauch, der zu den attraktivsten Fruchtschmuckgehölzen zählt und besonders wegen seiner dekorativen, gelben, roten oder orangefarbenen Früchte im Herbst beliebt ist. Er wächst zwischen 1 und 4 m hoch. Im Frühsommer schmückt er sich mit zahlreichen weißen, zart duftenden Blütentrauben, aus denen sich die attraktiven Beeren entwickeln. Für die Gefäßkultur eignen sich die bis 2 m hohen Hybriden wie 'Golden Charmer' (leuchtend orange Früchte) oder 'Soleil d'Or' (goldgelbe Früchte).

Blütezeit Mai

Früchte August bis Dezember

Standort Sonnig bis halbschattig

Pflegetipp

Der Feuerdorn benötigt nur wenig Pflege. Mäßig gießen, nicht austrocknen lassen. Von Mai bis August alle 14 Tage düngen. Überstehende Triebe im Herbst zurückschneiden. Im Winter an frostfreien Tagen gießen, bei jungen Pflanzen Triebe mit Fichtenreisig schützen.

Rhododendron

***Rhododendron-Repens*-Hybriden**

Aussehen Die 50–100 cm hohen, 100–150 cm breiten, immergrünen Sträucher wachsen sehr langsam und beinahe kissenförmig. Ihre aus 2–7 überhängenden Blütenglocken zusammengesetzten Dolden sind hell- oder dunkelrot, einige auch rosa gefärbt. Sorten wie 'Scarlet Wonder', 'Elisabeth Hobbie', 'Baden-Baden' werden 60–100 cm hoch und haben leuchtend- bis scharlachrote Blüten. Für die Kübelkultur eignen sich besonders die Yakushimanum-Hybriden. Sie bleiben klein (80–100 cm) und wachsen kompakt. Die Farbe ändert sich von der Knospe bis zur voll geöffneten Blüte mehrmals.

Blütezeit Je nach Sorte April/Mai/Juni

Standort Halbschattig, luftfeucht und windgeschützt

Pflegetipp

In der Wachstumszeit reichlich mit enthärtetem Wasser (Regenwasser) gießen; im April eine Handvoll Langzeitdünger auf das Substrat streuen; verwelkte Blüten ausbrechen. Im Winter vor Sonne schützen, an frostfreien Tagen gießen, aber unbedingt Staunässe vermeiden.

Skimmie

Skimmia japonica

Aussehen Die Skimmie ist bekannt für ihre leuchtend roten Beeren und zählt bei uns zu den beliebten Winterschmuck-Pflanzen. Die Beeren entwickeln sich nach der Befruchtung durch Bienen und Schmetterlinge im Oktober aus den abgeblühten weiblichen Blütenständen und bleiben den gesamten Winter über an der Pflanze hängen. Auch die frischgrünen, ledrigen Laubblätter behalten ihre Farbe während der kalten Jahreszeit. Bereits im Spätsommer setzt die Skimmie ihre rosafarbenen bis rötlich-braunen Blütenstände für das kommende Jahr an.

Blütezeit April

Standort Halbschattig bis schattig

Pflegetipp

Abgeblühte weibliche Blüten nicht ausputzen! Aus ihnen entwickeln sich später die Früchte. Das Substrat darf nie austrocknen. Während der Wachstumsphase im Frühjahr und Sommer kann man dem Gießwasser regelmäßig etwas Flüssigdünger beimischen.

Kleines Immergrün

Vinca minor

Aussehen Das Kleine (Blaue) Immergrün ist ein niedriger, 10–15 cm hoher Halbstrauch, der sich hervorragend als Unterpflanzung eignet. Seine niederliegenden Triebe haben einen jährlichen Zuwachs von 15–20 cm. Die eiförmigen, lederartigen, gegenständig angeordneten Laubblätter sind dunkelgrün und auf der Rückseite gelb. Die zwittrigen, fünfzähligen, 2–3 cm langen Blüten stehen einzeln in den Blattachseln aufrechter Triebe. Bei den Wildsorten sind die Blüten hellblau bis violett und nur selten weiß.

Pflegetipp

Vinca minor ist anspruchslos und pflegeleicht, sodass nur bei anhaltender Trockenheit gegossen werden muss. Hin und wieder kann man die Pflanze mit einem organischen Dünger versorgen. Im späten Frühjahr lassen sich ausufernde Triebe problemlos zurückschneiden.

Blütezeit April/Mai, Nachblüte bis September

Standort Sonnig bis halbschattig

Zwerg-Weigelie

Weigela florida

Aussehen Die Zwerg-Weigelie 'All Summer Red' (Bild) ist ein winterharter, kompakt wachsender, bis 75 cm hoher Zierstrauch und eignet sich ideal für die Pflanzung in Trögen und Kübeln. Die sommergrünen, länglichen, hellgrünen Blätter zeigen sich ab Mai. Dann beginnt auch der leuchtend rote Blütentraum, der über den ganzen Sommer bis in den Oktober anhält. Die Sorte 'Monet' beeindruckt vor allem mit ihrem außergewöhnlich vielfarbigen Laub. Ihre leuchtend rosa Blüten zeigen sich im April/Mai.

Blütezeit April/Mai bis Oktober

Standort Sonnig bis halbschattig

Pflegetipp

Regelmäßig gießen, zwischen den Wassergaben das Substrat abtrocknen lassen. Versorgung mit Langzeitdünger und gelegentlich Zugabe organischer Nährsubstanz (Kompost). An frostfreien Tagen gießen. Leichter Winterschutz.

Bergenie

Bergenia

Aussehen Die immergrüne Staude wächst horstartig 30–50 cm hoch und bildet mit ihren Rhizomen größere Bestände. Während der Blütezeit trägt sie Trugdolden mit hübschen, rosa, roten oder weißen Blütenglöckchen. Die Sorte 'Eroica' hat wunderbar glänzendes Laub. Die großen, festen, breit-rundlichen Blätter verfärben sich bei Kälte dunkel rötlich-grün mit leuchtend roten Blattunterseiten. Im Frühjahr erscheinen auf festen dunklen Stielen kräftig violett-rote Blüten. Die Sorte 'Herbstblüte' erfreut mit einer zweiten Blüte.

Blütezeit April/Mai, September/Oktober

Standort Halbschattig bis schattig

Pflegetipp

Die äußerst robuste Staude ist sehr pflegeleicht. Das Substrat stets leicht feucht halten, aber Staunässe vermeiden. Im Frühjahr möglichst mit organischem Dünger versorgen. Im Winter zum Schutz vor Kahlfrösten leicht mit Reisig abdecken.

Pfirsichblättrige Glockenblume

Campanula persicifolia

Aussehen Die Pfirsichblättrige Glockenblume ist eine absolut winterharte, mehrjährige, krautige, bis 80 cm hohe Pflanze mit einem fast kahlen Stängel. Die wintergrünen Grundblätter und unteren Stängelblätter sind lanzettlich, die oberen Stängelblätter sitzend. Der Blütenstand ist eine meist drei- bis achtzählige Traube, die lilablaue oder weiße Krone bis 5 cm lang und breitglockig. Die breiten, glockigen Blüten bieten Insekten für die Bestäubung eine ideale Landebahn. Die Pfirsichblättrige Glockenblume ist eine ideale Bienenweide.

Blütezeit Mai bis August

Standort warm, sonnig bis halbschattig

Pflegetipp

Glockenblumen sind nicht nur vielseitig einsetzbar, sondern auch äußerst pflegeleicht. Mäßig feucht halten, Staunässe vermeiden; monatlich niedrig dosiert düngen. Verblühtes regelmäßig entfernen. In rauen Lagen Winterschutz mit Fichtenreisig.

Frühlings-Krokus

Crocus vernus

Aussehen Der Frühlings-Krokus ist ein 10–15 cm hoher, aufrechter, einblütiger Geophyt, der die Blüten gleichzeitig mit den 2–4 grasartigen Blättern ausbildet. Die Blätter haben einen weißen Mittelnerv. Die angenehm duftenden, weißen, gelben, blaue, violett- bis lavendelfarbenen Blüten zeigen einen dunklen Streifen an der Außenseite, der Schlund ist weiß oder zartlila, die Hüllblätter sind am Grund zu einer Röhre verwachsen und bilden einen 2–5 cm langen Trichter.

Pflegetipp

Die Pflanzen wachsen am besten, wenn man sie ungestört lässt. Ihr Laub darf erst nach dem Verwelken entfernt werden. Regelmäßig gießen, Staunässe vermeiden, Substrat abtrocknen lassen. Schwache Düngergaben zu Beginn der Blüte unterstützen die Blühfreudigkeit.

Blütezeit Februar/März

Standort sonnig bis halbschattig

Sonnenbraut

Helenium

Aussehen Die starkwüchsige Staude erreicht eine Höhe von 60 bis 150 cm. Die kräftigen Blätter sind wechselständig um die halbkugeligen bis kugeligen Köpfchen angeordnet. Charakteristisch ist die Fülle kleiner Röhrenblüten, die in der Blütenmitte zu einer Scheibe angeordnet sind. Um die Scheibe herum sitzt ein Kranz von Strahlenblüten, welche die gelbe bis braune Blüte wie eine kleine Sonne aussehen lassen. *Helenium* 'Rauchtopas' (Bild) hat bernsteinfarbene Blütenblätter, die nach oben gerollt sind.

Blütezeit Juni bis Oktober.

Standort Sonnig bis halbschattig

Pflegetipp

Regelmäßig gießen, Staunässe, aber auch Trockenheit vermeiden. Monatlich leicht düngen. Verblühtes sollte regelmäßig entfernt werden. Alle zwei Jahre sollte man die Staude teilen, um sie zu verjüngen.

Christrose

Helleborus niger

Aussehen Die Staude bildet 15–30 cm hohe Horste und hat einen kriechenden, ausläuferbildenden, stark verästelten Wurzelstock. Ihre immergrünen, fächerartigen, langgestielten, glänzenden Blätter fühlen sich ledrig an. Die rotbraun überhauchten Stängel tragen ein oder zwei große, meist weiße manchmal auch rötliche Blüten. Die *Helleborus*-Hybriden blühen erst ab Februar, setzen aber dann kräftige Farbtupfer auf dem noch schlafenden Balkon. Ihre übergeneigten, oftmals mit hübschen Zeichnungen versehen, 5–10 cm großen Blütenschalen sitzen an bis zu 60 cm hohen Stielen.

Blütezeit Dezember bis April

Standort Lichter Halbschatten und vor Regen geschützt

Pflegetipp

Mäßig gießen, aber nicht austrocknen lassen, Staunässe vermeiden. Zu Beginn der Blüte und nochmals im Spätsommer organisch düngen. Bei strengen Frösten das Wurzelwerk mit Winterschutz versehen. Nach der Blüte Blütenstängel so tief wie möglich über der Erde abschneiden.

Taglilie

Hemerocallis

Aussehen Die sternförmigen Blütentrichter der Taglilie waren namensgebend, sie öffnen sich nur für einen Tag. Es werden jedoch ständig Blüten nachgebildet, sodass die Staude über einen langen Zeitraum hinweg für einen Blickfang auf dem Balkon sorgt. Durch fortwährende Züchtung gibt es ein großes Angebot an Blütenfarben und -formen. Allen Sorten gemeinsam sind die grasähnlichen Laubblätter, die bereits Wochen vor den Blüten austreiben. Für die Kübelpflanzung empfiehlt sich die zierliche Art *H. minor* (Bild) mit grasartigen, überhängenden Blättern und kleinen, gelben, duftenden Blüten.

Blütezeit je nach Sorte Mai bis August

Standort Sonnig bis halbschattig

Pflegetipp

Taglilien überstehen Trockenperioden ebenso wie Frost in der Regel problemlos, allerdings erst, wenn sie richtig angewachsen sind. In der Wachstumszeit ist der Wasserbedarf höher. Einmal im Frühjahr organisch düngen. Im Winter darauf achten, dass das Substrat nicht völlig durchfriert.

Funkie

Hosta

Aussehen Funkien sind für einen schattigen Balkon ideal geeignet. Generell lassen sich alle Funkien-Sorten im Kübel pflanzen. Die Pflanzen sind vor allem wegen ihrer dekorativen Blätter beliebt. Sie überraschen mit einem breiten Spektrum an Formen: kleine, große, runde, schmale, herzförmige sowie mit vielen Musterungen. Über dem Blattwerk bilden sich lange Stiele mit Trauben von meist lila, hell- oder dunkellila, auch weißen Glöckchenblüten. Besonders attraktiv ist die Sorte 'Royal Standard' (Bild) mit apfelgrünen Blättern und großen, weißen, stark duftenden Blüten.

Blütezeit Juli/August

Standort Schattig

Pflegetipp

Von Beginn an großzügig bemessene Pflanzgefäße verwenden. Regelmäßig und reichlich gießen, aber Staunässe vermeiden. Erde zwischen den Gießgängen abtrocknen lassen. Ab April bis September 14-tägig düngen. Werden die Horste im Laufe der Zeit zu dicht, lassen sie sich im März teilen.

Hyazinthen

Hyacinthus

Aussehen Die Pflanzen machen nicht nur durch opulente Blütenkerzen, sondern auch mit ihrem süßen, durchdringenden Duft auf sich aufmerksam. Die sternförmigen Blüten gibt es in einfachen und gefüllten Formen. Die Farbpalette reicht von Weiß über Gelb, Rosa, Orange, Rot, Grün und Blau bis hin zu Violett. Gefüllte Sorten sind 'Hollyhook' (rot), 'Prince of Love' (rosa), 'General Köhler' (hellblau); ungefüllte Sorten sind 'Anastasia' (hellviolett), 'Snow Chrystal' (weiß) und 'Odysseus' (orange).

Blütezeit April/Mai

Standort Sonnig und warm

Pflegetipp

Hyazinthen bekommen kurz vor der Blüte noch eine Düngergabe, so lässt sich die Blütezeit verlängern. Die Pflanze sollte stets feucht, aber nicht zu nass gehalten werden. Nach der Blütezeit die Blüte möglichst weit unten abschneiden, das Grün bleibt stehen, bis es verwelkt ist.

Tränendes Herz

Lamprocapnos spectabilis

Aussehen Die ausdauernde, krautige Staude mit ihrem markanten Wuchs wird 50–80 cm hoch und hat blaugrüne, bis zu 40 cm lange, gefiederte, frischgrüne Blätter. Nach der Blüte ziehen die Nährstoffe ein und das Laub stirbt ab. An den bis zu 30 cm langen, überhängenden Trieben sitzen bis zu 12 herzförmige (Name!), zartrosa, an ihrer unteren Spitze weiße Blüten. Inzwischen wurden aber auch Sorten mit andersfarbigen Blüten sowie mit Wuchshöhen von 20–30 cm gezüchtet. Wichtig: Die Pflanze ist in allen Teilen giftig

Blütezeit April/Mai/Juni

Standort Halbschattig, vor der prallen Mittagssonne geschützt

Pflegetipp

Regelmäßig gießen; im Frühjahr organisch düngen. Da die mehrjährige Pflanze beim Einziehen nur das Laub verliert, kann sie den Winter im Freien auf dem Balkon verbringen. Damit die Wurzeln keinen Schaden nehmen, das Gefäß mit Kokosmatte umwickeln und Reisig abdecken.

Traubenhyazinthe

Muscari

Aussehen Für die Gefäßkultur eignen sich am besten die Arten *M. armeniacum* und *M. botryoides*. Beide werden 10–20 cm hoch und bilden 2–7 schmale, grasartige, aber fleischige Blätter aus. Die kegelförmigen Blütentrauben in Blau, Lila, Rosa oder Weiß sitzen an einem langen, blattlosen Stängel. Oft sind die Blüten noch geschlossen und fast kugelrund. Während des Sommers zieht die Pflanze ihre Blätter ein, treibt diese aber im Herbst wieder neu aus. Die kornblumenblauen Blütentrauben von *M. botryoides* 'Superstar' haben an jeder Blüte einen weißen Ring.

Blütezeit April/Mai

Standort Sonnig bis halbschattig

Pflegetipp

Die Pflanze gedeiht am besten, wenn sie regelmäßig, aber nicht zuviel und möglichst mit Regenwasser gegossen wird. Die oberste Substratschicht vor der nächsten Wassergabe leicht antrocknen lassen. Vor und während der Blütezeit Blühdünger zuführen.

Narzissen

Narcissus

Aussehen Die bei uns erhältlichen etwa 130 Narzissen-Sorten machen auch im Blumenkasten und Topf ein gutes Bild. Engelstränen-Narzissen *(N. triandrus)* und Alpenveilchen-Narzissen *(N. cyclamineus)* wachsen in mehrblütigen Horsten bis 30 cm hoch und duften. Die bis 50 cm hoch wachsenden Narzissen machen vor allem in größeren Einzeltöpfen eine gute Figur. Sie werden in Großblütige Narzissen (Großkronige-, Gefüllte-, Trompeten- und Orchideen-Narzissen) sowie Kleinblütige Narzissen (Kleinkronige-, Tazetten-, Jonquilla- und Poeticus-Narzissen) eingeteilt.

Blütezeit April/Mai

Standort Sonnig

Pflegetipp

In der Blütezeit haben Narzissen einen sehr hohen Wasserverbrauch, bei Bedarf mehrmals gießen, aber Staunässe vermeiden. Gedüngt wird im Frühjahr und direkt nach der Blüte. Die restliche Zeit des Jahres brauchen die Blumenzwiebeln keine zusätzliche Versorgung mit Nährstoffen.

Hoher Sommer-Phlox

Phlox paniculata-Hybriden

Aussehen *P. paniculata* wird bis 120 cm hoch und gehört mit seiner Farbenvielfalt zu den beliebtesten Stauden. Sie wurde in zahlreichen Farbvariationen von Weiß über Rosa, Rot bis Blau gezüchtet. Ihre flach ausgebreiteten Einzelblüten sind in dichten, kuppelförmigen Blütenständen zusammengefasst, die abends einen angenehmen Duft verströmen. Wegen der Standfestigkeit Sorten mit weniger als 1 m Wuchshöhe wählen wie 'Aida' (rot), 'Orange' (orange) 'Pax' (weiß) oder 'Württembergia' (rosa). Der niedrige *P. subulata* eignet sich als Unterpflanzung.

Blütezeit Juli bis September

Standort Sonnig bis halbschattig

Pflegetipp

In Trockenperioden durchdringend wässern. Die Blütezeit lässt sich verlängern, wenn im Juni ein Teil der Triebe um ein Drittel eingekürzt wird. Die Pflanzen werden standfester, wenn man rundherum mit Erde anhäufelt. Das Ausschneiden verblühter Triebe regt die Bildung neuer Seitentriebe an.

Sonnenhut

Rudbeckia

Aussehen Zur Gattung *Rudbeckia* gehören einige 80–120 cm hohe Stauden mit flachen, 6–8 cm breiten, goldgelben, strahligen Blüten. Große, dunkelgrüne Laubblätter liefern den buschigen Unterwuchs und damit einen schönen Kontrast zu den leuchtenden Blütenköpfen. *R. fulgida* var. *sullivantii* 'Goldsturm' (Bild) ist eine reich und lang blühende Sorte mit großen, sattgelben Blüten und braunem Kopf. Rudbeckien wirken in Gruppen, aber auch in Einzelstellung attraktiv. Bei den hohen Formen empfehlen sich Stützstäbe.

Blütezeit Juli bis Oktober

Standort Sonnig

Pflegetipp

Nach der Blüte alle Triebe bodennah zurückschneiden. Lässt man sie stehen, schmücken die Fruchtstände den herbstlichen und winterlichen Balkon. Verkahlen die Pflanzen nach einiger Zeit von innen her, empfiehlt es sich, sie zu teilen und Einzelstücke neu zu setzen.

Tulpen

Tulipa

Aussehen Tulpen sind die variantenreichsten Frühlingsblüher.
Die Farbpalette reicht von strahlendem Weiß und hellen Pastelltönen über leuchtende Rot- und Gelb-Nuancen bis hin zu fast schwarzen Tönen. Häufig sind ihre Blüten sogar zweifarbig. Aber nicht nur ihre Farben-, sondern auch ihre Formenvielfalt begeistert jedes Jahr aufs Neue. Wild-Tulpen sind meist niedriger als 30 cm, Züchtungen wachsen bis 60 cm hoch. Für größere Töpfe und Kübel eignen sich vor allem niedrigere Sorten mit festen Stielen.

Blütezeit April/Mai

Standort Sonnig

Pflegetipp

Es empfiehlt sich, gleich nach der Blüte die welken Blütenstände abzubrechen. So wird die Samenbildung verhindert und die ganze Kraft kann in den Aufbau neuer Tochterzwiebeln fürs Folgejahr gesteckt werden. Die Blätter entfernt man erst, wenn diese gelb und vertrocknet sind.

Stiefmütterchen

Viola

Aussehen Die Besonderheit dieser Pflanzen besteht darin, dass sich die Blütenblätter gegenseitig überdecken. Das untere Blatt nennt man „Stiefmutter", die seitlich überdeckenden Blätter „Tochter und Stieftochter". Stiefmütterchen sind äußerst beliebt und kommen in diversen Farben und Unterarten vor. Die Pflanzen sind nahezu winterhart, sodass man auch während der kalten Jahreszeit nicht auf sie verzichten muss. Mit ein wenig Glück und bei einem milden Winter können Stiefmütterchen sogar schon im Januar erstmals blühen.

Pflegetipp

Stiefmütterchen sind sehr pflegeleicht, verwelkte Blüten und Blätter sollten aber stets entfernt werden. Im Winter rollen sie ihre Blüten und Blätter ein. Das ist eine natürliche Schutzmaßnahme, die so lange anhält, bis die Temperaturen wieder über den Gefrierpunkt steigen.

Blütezeit April bis Oktober

Standort Sonnig bis halbschattig

Arten- und Sachregister

A

Abies balsamea 50
Abies koreana 51
Acer palmatum 58
Ausleger-Sonnenschirme 9
Automatische Bewässerung 35

B

Baumschulen 16
Bergenia 79
Bergenie 79
Besenheide 60
Blauer Kriechwacholder 54
Buchs 59
Buxus sempervirens 59

C

Calluna vulgaris 60
Campanula persicifolia 80
Chamaecyparis lawsoniana 52
Chamaecyparis obtusa 53
Christrose 83
Clematis 61
Cotoneaster 62
Crocus vernus 81

D

Dauerbepflanzung 17
Dauerlast 10
Drainage 9

E

Efeu 68
Erica carnea 63
Euonymus europaeus 64
Euonymus fortunei 65

F

Fächerahorn 58
Feuerdorn 74
Frühlings-Krokus 81
Funkie 85

G

Gaultheria mucronata 66
Gewöhnliches Pfaffenhütchen 64
Glockenblume 80

H

Hebe x andersonii-Hybriden 67
Hedera helix 68
Helenium 82
Helleborus niger 83
Hemerocallis 84
Hoher Sommer-Phlox 90
Hosta 85
Hyacinthus 86
Hyazinthen 86
Hydrangea paniculata 69

I/J

Ilex aquifolium 70
Japanische Lavendelheide 72
Juniperus horizontalis 54

K

Kleine Blaufichte 55
Kleines Immergrün 77
Kugel-Lebensbaum 57

L

Lamprocapnos spectabilis 87
Lorbeerkirsche 73

M

Markisen 10
Muscari 88

N

Nährstoffe 35

Narcissus 89
Narzissen 89

P

Pernettya 71
Pflanzschnitt 36
Phlox-paniculata-
Hybriden 90
Picea pungens 'Glauca
Globosa' 55
Pieris japonica 72
Pinus-mugo-Sorten 56
Prunus laurocerasus 73
Pyracantha-coccinea-
Hybriden 74

R

Rechtsfragen 11
Rhododendron 75
Rhododendron-Repens-
Hybriden 75
Rispenhortensie 69
Rudbeckia 91

S

Scheinbeere 66
Schneeheide 63
Skimmia japonica 76
Skimmie 76
Sonnenbraut 82
Sonnenhut 91
Sonnensegel 10
Spurenelemente 35
Statik 10
Stechpalme 70
Stiefmütterchen 93
Strauchveronika 67

T

Taglilie 84
Thuja occidentalis 57
Torfmyrte 71
Tragfähigkeit 10
Tränendes Herz 87
Traubenhyazinthe 88
Tulipa 92
Tulpen 92

V

Verdunstung 9
Verkehrslast 10
Vinca minor 77
Viola 93

W

Waldrebe 61
Wasserzufuhr 15
Weigela florida 78
Weißbunte Kriech-
spindel 65
Windlast 10
Windschutz-
bespannung 10
Wurzelsperre 32

Z

Zwerg-Balsamtanne 50
Zwerg-Koreatanne 51
Zwerg-Muschel-
zypresse 53
Zwerg-Scheinzypresse 52
Zwerg-Weigelie 78
Zwergkiefer 56
Zwergmispel 62

Impressum

ISBN 978-3-8094-4961-4

1. Auflage

Bildnachweis:
Strauß: 10, 24/25, 40/41 (5), 42/43 (5), 44/45 (5), 46/47 (5); alle übrigen Steinberger

Umschlaggestaltung: Atelier Versen, Bad Aibling
Redaktion und Bildredaktion: Verlagsbüro Kopp, München
Satz und Layout: Nadine Thiel, kreativsatz
Herstellung: Franziska Polenz
Projektleitung: Sibylle Lehmann

Druck und Bindung: TBB, a.s., Banská Bystrica
Printed in Slovakia

Penguin Random House Verlagsgruppe FSC® N001967